Kai-Ingo Voigt (Hrsg.)
Die digitale Genossenschaftsbank

Die digitale Genossenschafts-bank

Strategische Herausforderungen und Implementierung

Herausgegeben von
Kai-Ingo Voigt

DE GRUYTER
OLDENBOURG

ISBN 978-3-11-052312-6
e-ISBN (PDF) 978-3-11-052574-8
e-ISBN (EPUB) 978-3-11-052327-0

Library of Congress Cataloging-in-Publication Data
A CIP catalog record for this book has been applied for at the Library of Congress.

Bibliografische Information der Deutschen Nationalbibliothek
Die Deutsche Nationalbibliothek verzeichnet diese Publikation in der Deutschen Nationalbibliografie; detaillierte bibliografische Daten sind im Internet über http://dnb.dnb.de abrufbar.

Einbandabbildung: Chad Baker/Photodisk/Thinkstock
Satz: bsix information exchange GmbH, Braunschweig
Druck und Bindung: CPI books GmbH, Leck
♾ Gedruckt auf säurefreiem Papier
Printed in Germany

www.degruyter.com

MIX
Papier aus verantwortungsvollen Quellen
FSC www.fsc.org
FSC® C083411

Vorwort

Unter dem Leitthema „Die digitale Genossenschaftsbank – Weichenstellungen für die Zukunft“ fand im Mai 2016 der „Bankentag“ des Forschungsinstituts für Genossenschaftswesen an der Friedrich-Alexander-Universität Erlangen-Nürnberg statt. Zahlreiche Vorstandsvorsitzende und Vertreter der genossenschaftlichen Finanzgruppe sowie Vertreter aus der Wissenschaft diskutierten über den Megatrend „Digitalisierung“. Hierbei sprachen hochkarätige Referenten über das wichtigste Bankenthema der nächsten Jahre und präsentierten erste konkrete Ansätze für die Neuorientierung der kreditgenossenschaftlichen Geschäftsmodelle an den Anforderungen der Digitalisierung.

Die Vorträge dieser Tagung bildeten den Anstoß für die vorliegende Publikation. Die ausnahmslos positiven Reaktionen der zahlreichen Teilnehmer und die Aktualität der Thematik waren ausschlaggebend dafür, die Ergebnisse der Fachtagung in einer Buchpublikation zu dokumentieren und damit einer noch breiteren Fachöffentlichkeit zugänglich zu machen. Ich freue mich, zahlreiche Referenten zugleich als Autorinnen und Autoren für dieses Buchprojekt gewonnen zu haben. Sie präsentieren in ihren Aufsätzen konkrete Best-Practice-Beispiele, die zeigen, wie Banken erfolgreich in das digitale Zeitalter geführt werden können. Ergänzt wird das Werk durch Überblicksbeiträge, die das Thema aus wissenschaftlicher Perspektive beleuchten und einordnen. Zielgruppen der Publikation sind Fachexperten aus Wissenschaft und Praxis, insbesondere Führungskräfte in Genossenschaftsbanken, die sich mit den Auswirkungen der Digitalisierung beschäftigen und ihre Bank zukunftsweisend ausrichten müssen.

Ich bedanke mich zunächst bei den zahlreichen Teilnehmerinnen und Teilnehmern des Bankentages 2016 für die wertvollen Beiträge, die anregende Diskussion und das positive Feedback. Mein großer Dank gilt ferner den Autorinnen und Autoren der nachfolgenden Aufsätze, die dieses Buch zu einer vielseitigen und lesenswerten Lektüre machen. Ihre Abhandlungen zeigen, dass die digitale Genossenschaftsbank ein zukunftsfähiges Modell darstellt, das zahlreiche Möglichkeiten bietet, den Bankensektor in Zukunft noch vielfältiger zu gestalten. Meiner Mitarbeiterin, Frau Tanja Jovanović, bin ich für ihren großen Einsatz und die wertvolle Unterstützung in der Bewältigung meiner Aufgaben als Herausgeber dieses Bandes sehr verbunden. Schließlich bedanke ich mich beim Verlag De Gruyter Oldenbourg für das Vertrauen in diese Publikation und die wertvolle verlegerische Betreuung.

https://doi.org/10.1515/9783110525748-202

Alle Beteiligten wünschen sich, mit dieser Publikation Denkanstöße und Anregungen für die digitale Ausrichtung der Genossenschaftsbanken zu liefern, und freuen sich über weiterführende Diskussionen zu diesem Thema.

Prof. Dr. Kai-Ingo Voigt
Vorsitzender des Forschungsinstituts für Genossenschaftswesen
an der Friedrich-Alexander-Universität Erlangen-Nürnberg

Inhaltsverzeichnis

Kai-Ingo Voigt
Einführung und Überblick — 1

Teil I: **Konzeptionelle Überlegungen und Strategien**

Leontin K. Grafmüller, Matthias Raß, Kathrin M. Möslein
Die Genossenschaftsbank im Web 2.0 — 9

Tanja Jovanović, Kai-Ingo Voigt
Auswirkungen der Digitalisierung auf Genossenschaftsbanken – Eine Geschäftsmodellperspektive — 22

Matthias Fischer
Omnikanal und Kundenorientierung in der digitalen Filialbank — 37

Norbert Huber
Im Spannungsfeld zwischen Beratungsqualität und Digitalisierung — 56

Teil II: **Implementierung und Praxisbeispiele**

Jörg Bruch
Digitale Transformation im Bankenumfeld am Praxisbeispiel easyCredit/ TeamBank AG — 79

Stefan Schindler
Die Bankfiliale der Zukunft als Bindeglied zwischen virtueller und realer Welt — 101

Gerhard Walther
Praxisorientierte Umsetzung einer Digitalisierungsstrategie – Konkrete Ergebnisse und Quick Wins am Beispiel der VR-Bank Mittelfranken West eG — 115

Anja Schindler
Wie wird eine Bank innovativer? – Das iterative Innovationsmodell der Volksbank Bühl — 129

Autoren — 145

Kai-Ingo Voigt

Einführung und Überblick

Die Digitalisierung stellt eines der meistdiskutierten Themen in den letzten Jahren dar, und das nicht nur in fast allen Lebensbereichen, sondern auch in nahezu jeder Branche des Wirtschaftslebens. Im Allgemeinen lässt sich die Digitalisierung aus zwei verschiedenen Blickwinkeln betrachten: Im engeren Sinn wird die Digitalisierung als Informationsaufbereitung zur Verarbeitung oder Speicherung in einem digitaltechnischem System verstanden. Im weiteren Sinn kann die Digitalisierung auch als ein Transformationsprozess von einzelnen Unternehmen oder ganzen Branchen angesehen werden, der durch technologische Entwicklungen hervorgerufen und vorangetrieben wird. Dieser impliziert umfassende Veränderungen und Erneuerungen auf strategischer, organisatorischer und soziokultureller Ebene (Petry, 2016, S. 22).

Digitalisierung ist ein Trendthema, das in vielen Gebieten Beachtung findet und in vielen Unternehmen zu großen Veränderungen führt. Insgesamt sehen über 90 % der Unternehmen – ganz gleich welcher Branche – ihre Geschäfts- und Arbeitsprozesse durch die Digitalisierung beeinflusst (DIHK, 2016). Die Digitalisierung stellt demnach ein komplexes Themenfeld dar. In Industrieunternehmen hat die Digitalisierung bereits vor etlichen Jahren eine hohe Bedeutung erlangt und zu großen Veränderungen – z.B. in den Geschäftsprozessen und in der Produktion geführt, während Unternehmen in anderen Branchen erst vor nicht allzu langer Zeit die hohe Relevanz des Themas erkannt haben und sich damit konfrontiert sahen. Die durch die Digitalisierung verursachten Veränderungsprozesse sind zum gegenwärtigen Zeitpunkt keinesfalls abgeschlossen. Obwohl es klare Unterschiede bezüglich des Entwicklungsstands der Digitalisierung zwischen den einzelnen Branchen gibt, sieht sich die Mehrheit der Unternehmen in allen Industriezweigen als „bislang digital nicht voll entwickelt" (DIHK, 2016) an. Der Digitalisierung werden entscheidende Auswirkungen auf die Unternehmensorganisation zugeschrieben. Die damit einhergehende Daten- und Informationsflut treibt Geschäftsmodelle zu Veränderungen und resultiert in einer erhöhten Transparenz sowie einer schnelleren Entscheidungsfindung.

Grundsätzlich stellt die Digitalisierung eine technologische Entwicklung dar, deren Folgen nicht aufzuhalten sind und die alle Geschäftsmodelle tangiert – ganz gleich in welcher Branche. Die Digitalisierung resultiert im Allgemeinen in der Veränderung von Geschäftsmodellen, bedingt durch die intensivere Nutzung von Informations- und Kommunikationstechnologien (Reker/Böhm, 2013). Bestehende Unternehmen müssen ihre Geschäftsmodelle deshalb verändern bzw. anpassen und sind aufgefordert, in neuen Kategorien zu denken.

https://doi.org/10.1515/9783110525748-001

Doch genau diese Veränderungen stellen viele Unternehmen – und mit ihnen auch ganze Branchen – vor große Herausforderungen. So ist die Bankenbranche ein besonders gutes Beispiel für das Auftreten digitalisierungsbedingter Herausforderungen und Umbrüche. Die Finanzbranche befindet sich derzeit in einer Phase intensiver Veränderungen. Die wachsende Finanzmarktregulierung, die eine Stabilisierung des Sektors nach der letzten Finanzkrise zum Ziel hat, resultiert oft in einem hohen administrativen und kostenintensiven Aufwand für die Banken selbst und erzwingt Anpassungen der bisherigen Geschäftsmodelle (Voigt/Fischer, 2016). Die Niedrigzinspolitik der Europäischen Zentralbank belastet die klassischen Kredit- und Einlagengeschäfte der Banken zusätzlich. Hinzu kommt die Digitalisierungswelle, die den Finanzsektor nachhaltig zu verändern scheint. Die Bankenbranche ist in ihrem Kern von der Digitalisierung betroffen, denn sie tangiert das gesamte Geschäftsmodell einer Bank, sowohl im Front- als auch im Back-Office (Zillmann, 2014, S. 6).

Eine Veränderung, die auf die Banken besonders einwirkt und selbst nicht beeinflussbar scheint, ist das Verhalten der Kunden: Die einfache Informationsbeschaffung über das Internet führt zu einer höheren Verhandlungsmacht. Diese geht einher mit einem veränderten Nachfrageverhalten, höheren Ansprüchen und einer wachsenden Wechselbereitschaft, da die Anbieter-Wechselkosten relativ gering sind (Arts, 2016, S. 22-24). Insbesondere die nachwachsenden Generationen, die sogenannten Digital Natives, gehen mit digitalen Medien normal, alltäglich und intensiv um (Hellenkamp, 2015, S. 383). Dementsprechend müssen Bankleistungen für diese Zielgruppe künftig noch stärker zeitlich und räumlich unabhängig angeboten werden (Hellenkamp, 2015, S. 45). Ein Betreiben umfangreicher Filialnetze ist im Zeitalter des Internets somit immer wenig erfolgsversprechend – und das aus mehreren Gründen (Buhl et al., 2012, S. 3): Zum einen erzwingt der Kostendruck einen Personalabbau und die Schließung ganzer Filialen, zum anderen führt das veränderte Kundenverhalten dazu, dass Filialen immer seltener besucht werden. Banken müssen deshalb an einer transparenten und dialogorientierten Kommunikation mit ihren Kunden arbeiten, die der Nutzung digitaler Medien und sozialer Netzwerke ein viel größeres Gewicht beimessen als bisher, um auch in der Zukunft erfolgreich wirtschaften zu können (Bain & Company, 2012, S. 17).

Ein Beispiel für das erfolgreiche Anbieten digitaler Finanzdienstleistungen sind die sogenannten FinTech-Unternehmen, wie zum Beispiel „Number 26“ oder „smava“. Diese FinTechs konzentrieren ihre Aktivitäten auf einen Teil der klassischen Wertschöpfungskette der Banken und richten diese explizit und oft innovativ auf die Kundenbedürfnisse und die digitalen Medien aus (Arts, 2016, S. 19). Sie nutzen dabei konsequent die wachsenden Informationen über die Kunden (Big Data), um spezielle Angebote anbieten zu können (Bain & Company, 2012, S. 17). Einige dieser Non- und Near-Banks – wie z.B. Paypal – besitzen einen deutlichen Vorsprung in Bezug auf ihr kundenspezifisches Know-How gegenüber den traditionellen Banken (Hellenkamp, 2015, S. 392). Neben den FinTechs erwachsen den Banken noch weitere neue Wettbewerber, und zwar durch bereits etablierte Unternehmen der Informations- und Kommunikationsindustrie, wie beispielsweise Google, Apple oder Amazon (Buhl et al., 2016, S. 4). Alle diese Unternehmen fokussieren sich immer stärker auf einzelne Aktivitäten in der Finanzindustrie und nutzen hierfür ihre bestehende Kundenbasis und die damit vorhandenen Daten. Dennoch ist es ratsam, die FinTechs nicht nur als eine reine Bedrohung des Geschäfts anzusehen, weil dies den Blick auf eventuelle Wachstumsmöglichkeiten verstellt. Denn immer häufiger findet man traditionelle Banken, die Kooperationen mit einzelnen FinTechs eingehen, um die jeweiligen Stärken zu bündeln und dem Kunden gegenüber ein abgerundetes, noch überzeugenderes Leistungsportfolio anzubieten.

Auch wenn die bisherigen Ereignisse im Zuge der wachsenden Digitalisierung der Finanzbranche ständig zu deutlichen Veränderungen führen, gibt es immer noch traditionelle Banken, die in der Digitalisierung „nur" eine Neugestaltung ihrer Kommunikationskanäle und keine umfassende strategische Neuorientierung der Bank sehen. Daher lässt sich derzeit noch eine zu passive Einstellung vieler Banken zu diesem Trendthema beobachten (Zillmann, 2014, S. 5). Dies gilt auch für die Genossenschaftsbanken. Sie scheinen durch die Digitalisierungswelle insbesondere deshalb besonders herausgefordert zu sein, weil ihr grundlegendes Geschäftsmodell auf direkte, persönliche Beziehungen und eine räumlich eingeschränkte Geschäftstätigkeit ausgelegt ist – also auf Elementen, die einem digitalen Geschäftsmodell auf den ersten Blick zu widersprechen scheinen.

Der zentralen Frage, wie ein eher traditionelles Geschäftsmodell zu dem einer digitalen Genossenschaftsbank weiterentwickelt werden kann, wird in den folgenden Beiträgen aus unterschiedlichen Blickwinkeln nachgegangen. In der Literatur existieren bereits erste Antworten zu dieser Frage. Dabei werden immer wieder bestimmte Attribute genannt, die in diesem Zusammenhang besonders wichtig erscheinen, wie expliziter Kundenfokus, hohe Innovationsgeschwindigkeit und hohe Transparenz. Hierbei sind die Integration der Vertriebskanäle durch eine Omnikanal-Strategie, die Neugestaltung des Filialnetzes, die Modernisierung der Organisation und IT sowie die Stärkung des Images von zentraler Bedeutung (Bain & Company, 2012, S. 18). Trotz dieser Ansätze sind konkrete Handlungsempfehlungen für die Umsetzung, zumal für die genossenschaftlich geprägten Finanzinstitute, noch kaum gegeben.

Das vorliegende Sammelwerk setzt an dieser wichtigen Fragestellung an und stellt erste konzeptionelle Überlegungen für die Ausrichtung der Genossenschaftsbanken im digitalen Zeitalter vor. Neben theoretisch-konzeptionellen Beiträgen fließen auch Erfahrungen aus der Bankpraxis mit ein. Hierbei werden erste bemerkenswerte Zwischenergebnisse vorgestellt und zur Diskussion gestellt.

Im dem Beitrag von *Leontin K. Grafmüller, Matthias Raß* und *Kathrin M. Möslein* werden die allgemeinen Anforderungen der Digitalisierung für Genossenschaftsbanken grundsätzlich thematisiert. In ihren Ausführungen finden Aspekte dee Sozialen Medien und des Web 2.0 eine besondere Berücksichtigung. *Tanja Jovanović* und

Kai-Ingo Voigt gehen in dem nachfolgenden Beitrag auf die Auswirkungen der Digitalisierung auf das Geschäftsmodell der Genossenschaftsbanken – auf Basis einer qualitativ-empirischen Untersuchung – näher ein. *Matthias Fischer* liefert zu den Themen „Omnikanal und Kundenorientierung in der digitalen Filialbank" eine Vielzahl von empirischen Daten und Belegen. Ein weiteres wichtiges Ergebnis seiner Studie ist, dass FinTechs weniger als Gefahr denn als „Enabler" gesehen werden sollten, die es traditionellen Filialbanken ermöglichen, das innovative Potenzial dieser jungen Unternehmen für sich zu nutzen und gleichzeitig an den neueren Entwicklungen zu partizipieren. *Norbert Huber* macht mit seinem Beitrag deutlich, dass sich die Strategie einer Genossenschaftsbank nur im Spannungsfeld zwischen Beratungsqualität und Digitalisierung erneuern lässt.

Der zweite Teil dieses Sammelwerks ist konkreten Praxisbeispielen und Erfahrungsberichten im Kontext digitaler Genossenschaftsbanken gewidmet. Während *Jörg Bruch* in seinem Aufsatz deutlich macht, dass die Digitalisierung nur *ein* Baustein eines innovativen Gesamtkonzepts darstellt, das in dem hier betrachteten Beispiel der Teambank auch die Gestaltung innovativer Arbeitswelten beinhalten kann, macht *Stefan Schindler* aus Sicht der Sparda-Bank Nürnberg auf die zukünftigen Bedeutung der Bankfiliale als Bindeglied zwischen virtueller und realer Welt aufmerksam. *Gerhard Walther* macht am Beispiel der VR Bank Mittelfranken West eG deutlich, wie sich ökonomische Wertschöpfungspotenziale durch die Digitalisierung ganz konkret erreichen lassen – und das, wie sein Begriff „Quick Wins" andeutet, auch schon in einem relativ kurzen Zeitraum. Die beeindruckenden Praxisbeispiele werden durch den Beitrag von *Anja Schindler* abgerundet, die die Entwicklung der Digitalisierungsstrategie der Volksbank Bühl bis hin zu einem integrativen Innovationsmodell eindrucksvoll nachzeichnet und deutlich macht, dass die Weiterentwicklung der Organisation und des Geschäftsmodells einer Genossenschaftsbank auf dem Zusammenspiel von Trial-and-Error-Projekten und institutionellem Lernen beruhen kann.

Die Vielzahl der vorgestellten Beispiele soll zeigen, dass der Transformationsprozess, so herausfordernd er auch ist, dennoch erfolgreich bewältigt und vor allem auch zum Nutzen der Mitglieder einer Genossenschaftsbank proaktiv gestaltet werden kann und muss. Auch wenn eine Orientierung durch die vorgestellten Fallbeispiele gegeben werden kann, ist es unumgänglich, den jeweils eigenen Weg zu finden und zu gestalten. Die Digitalisierung stellt alle Unternehmen sowohl vor Chancen als auch vor Herausforderungen. Die vorliegende Publikation soll dazu ermutigen, eine ganzheitliche Strategie zu entwickeln und umzusetzen, um die Chancen der Digitalisierung zu nutzen. Die hier vorgestellten Beiträge geben zahlreiche Anregungen, wie ein seit vielen Jahrzehnten erfolgreiches Geschäftsmodell zu dem einer digitalen Genossenschaftsbank weiterentwickelt und damit erfolgreich auf die Zukunft ausgerichtet werden kann.

Literatur

Arts, V. (2016). Aktuelle Herausforderungen für Genossenschaftsbanken – Eine Analyse der Umwelt. Westfälische Wilhelms-Universität Münster: Institut für Genossenschaftswesen.

Bain & Company. (2012). Retail-Banking: Die digitale Herausforderung. München/Zürich: Bain & Company, Inc.

Buhl, H., Eistert, T., Fridgen, G., Moser, F., Weiss, C., Kearney, A. T. (2012). Digitale (R) evolution im Privatkundengeschäft – Aufruf an Banken zum proaktiven Handeln. Die Bank, 52(6), 46–50.

Deutscher Industrie- und Handelskammertag (DIHK). (2015). Wirtschaft digital: Perspektiven erkannt, erste Schritte getan. Berlin.

Hellenkamp, D. (2015). Strukturveränderungen und deren Auswirkungen auf das Bankgeschäft. In Bankwirtschaft (45-65). Wiesbaden: Springer Fachmedien.

Petry, T. (2016). Digital Leadership – Unternehmens- und Personalführung in der Digital Economy. In: Petry, T. (Hrsg.). Digital Leadership: Erfolgreiches Führen in Zeiten der Digital Economy. Stuttgart: Haufe Gruppe.

Reker, J., Böhm, K. (2013). Digitalisierung im Mittelstand. Deloitte & Touche GmbH. URL www2.deloitte.com/content/dam/Deloitte/de/Documents/Mittelstand/Digitalisierung-im-Mittelstand.pdf [zuletzt aufgerufen am 29.11.2016].

Voigt, K.-I., Fischer, M. (2016). Genossenschaftsbanken im Umbruch: Einfluss der Finanzmarktregulierung auf das Geschäftsmodell der Kreditgenossenschaften. Berlin, Boston: De Gruyter Oldenbourg.

Zillmann, M. (2015). Banken – Den digitalen Wandel gestalten: Wie Retailbanken die Optionen der „Digitalen Welt" nutzen. Mindelheim: Lünendonk GmbH.

Teil I: **Konzeptionelle Überlegungen und Strategien**

Leontin K. Grafmüller, Matthias Raß, Kathrin M. Möslein

Die Genossenschaftsbank im Web 2.0

1 Einführung

> Genossenschaften müssen darüber nachdenken, wie sie sich gegenüber jungen Menschen darstellen und wie sie mit ihnen kommunizieren. Ihr Interesse und ihre positive Beteiligung kann nur dadurch erreicht werden, dass sie die sich ändernden Wege verstehen, auf denen junge Menschen miteinander kommunizieren und gegenseitige Beziehungen begründen, indem sie die Techniken der Social Media anwenden. (Münkner, 2013, S. 23)

Als einer der größten gesellschaftlichen Paradigmenwechsel hat in den vergangenen Jahren die Digitalisierung Kommunikationsströme weltweit verändert. Menschen treten mithilfe neuer Technologien weltweit blitzschnell miteinander in Kontakt, pflegen ihre Profile in verschiedenen sozialen Netzwerken und erwarten von Unternehmen, auf unterschiedliche Weise angesprochen zu werden (Bhanot, 2012). Dabei möchten sie auch zunehmend in vormals rein unternehmensinterne Prozesse einbezogen werden. Das Aufkommen sozialer Netzwerke spielt hierbei eine zentrale Rolle. Denn die Vernetzung mit anderen Nutzern oder das Erstellen von Online-Inhalten wurde maßgeblich erleichtert und eröffnet völlig neue Möglichkeiten des orts- und zeitunabhängigen Zusammenarbeitens (Back, 2011). Auch zahlreiche Genossenschaftsbanken haben seit Beginn des 21. Jahrhunderts einen Auftritt auf Social-Media-Plattformen wie Facebook, Twitter, XING oder YouTube.

In diesem Web 2.0, das vor allem durch die sozialen Austauschmöglichkeiten, eine intensive Nutzereinbindung und nutzergenerierte Inhalte (Daugherty et al., 2008) gekennzeichnet ist, sind laut einer Studie des Bitkom aus dem Jahre 2013 knapp 80% der Internetnutzer in mindestens einem sozialen Netzwerk vertreten, das zudem von 67% aktiv genutzt wird. Bei den 14- bis 29-Jährigen liegt dieser Wert bereits bei 90% (Bitkom, 2013) – Zahlen, die erahnen lassen, dass sich heutzutage kaum ein Unternehmen dem Social-Media-Trend verschließen kann. Doch auf Basis dieser Zahlen lassen sich noch keine Aussagen über die Nutzungsintensität oder den Organisationsgrad der Social-Media-Präsenz in Unternehmen ableiten. Werden die verschiedenen Kanäle in größeren Unternehmen von eigens hierfür vorgesehenen Mitarbeitern betreut, sind es in kleineren Banken häufig Angestellte, die neben ihren Hauptaufgaben die Social-Media-Aktivitäten übernehmen. Schon seit geraumer Zeit wird Social Media also nicht mehr nur auf privater Ebene eingesetzt, sondern auch in Genossenschaftsbanken, und so werden Mitarbeiter vermehrt in fir-

Der vorliegende Beitrag basiert in Teilen auf einer früheren Publikation der Autoren: Grafmüller, Leontin K.; Raß, Matthias; Möslein, Kathrin M. (2015): Die Genossenschaft im Web 2.0 – Social Media richtig einsetzen. CLIC Executive Briefing No. 029. Leipzig: Center for Leading Innovation & Cooperation.

https://doi.org/10.1515/9783110525748-002

meneigene Blogs, Firmen-Facebooks oder Wikis involviert (Koch/Richter, 2009). Obwohl sich die Enterprise-2.0-Forschung seit einigen Jahren mit den Implikationen dieses Paradigmenwechsels im betrieblichen Bereich beschäftigt und bereits erste Forschungsergebnisse aus unterschiedlichen Bereichen vorliegen (Koch/Richter 2009), bleibt bisher unklar, wie auf der Ebene der Genossenschaften die neuen Entwicklungen zur Steigerung des Vernetzungsgrads, zur Verbesserung der Kommunikation und letztlich zur besseren Erreichung der Ziele genutzt werden können (Münkner, 2013). Die Identifikation von Experten, die Zusammenarbeit zwischen lokal getrennten Ortsgruppen und die Integration externer Impulse zur Entwicklung innovativer Lösungen sind bloß einige Ziele, die durch eine erfolgreiche Nutzung von sozialen Netzwerken erreicht werden können (O'Reilly, 2007; Kaplan/Haenlein, 2010). Eine entsprechende Professionalisierung in diesem Bereich versteht sich aus unternehmerischer Sicht also von selbst, um mit den raschen Entwicklungen im Web 2.0 Schritt zu halten.

Genossenschaften erfahren durch einen Werte- und Bewusstseinswandel in der Gesellschaft wieder zunehmend Interesse und Aufmerksamkeit. Mitbestimmung und Eigeninitiative gewinnen in einer komplexen, schnelllebigen Welt an Bedeutung. Gerade durch die Hauptprinzipien des genossenschaftlichen Modells schaffen es Genossenschaften sogar in Krisenzeiten, beständig und nachhaltig zu bleiben. Die Mitglieder einer Genossenschaft tragen gemeinsam zu Selbstverwaltung, Selbsthilfe und Selbstverantwortung bei. Durch freiwillige Teilnahme, Gleichheit der Mitglieder, genossenschaftliche Rückvergütung sowie Eigennutzen im Rahmen des gemeinsamen Nutzens aller zeichnet sich das Solidaritätsprinzip aus. Hinzu kommt die Mitbestimmung in Form einstimmiger Entscheidungen in Generalversammlungen, denen alle Mitglieder beiwohnen, oder Mehrheitsentscheidungen in Vertreterversammlungen, die die Mitglieder repräsentieren. Einfacher als andere Unternehmensformen haben es Genossenschaften deshalb allerdings nicht, denn die Globalisierung birgt weitgehend die gleichen Herausforderungen für das genossenschaftliche Modell wie für andere Ansätze. Dazu zählt neben steigenden Kundenanforderungen oder der stetig zunehmenden Komplexität neuer Technologien auch eine generelle Veränderung des Kundenverhaltens. Viele Genossenschaften kämpfen auch aufgrund dieses veränderten Umfelds mit abnehmenden Mitgliederzahlen (Gindele/Doluschitz, 2013; Schubert, 2013). Um zeitgemäß auf diese Herausforderungen reagieren zu können, werden Genossenschaften die Leistungen für ihre Mitglieder künftig anpassen müssen (Schulz-Nieswandt, 2013). Außerdem verstärkt ein angemessenes Wissensmanagement die Kundenloyalität innerhalb der genossenschaftlichen Organisation besonders. Eine entsprechende Transparenz kann daher vor allem durch umfassende Kommunikation in der genossenschaftlichen Mitgliedergemeinschaft geschaffen werden.

Genau hier ergibt sich spannendes Potenzial, um Social Media in der Organisation von Genossenschaften einzusetzen. Durch die in einem sozialen Netzwerk verbreitbaren Informationen kann unabhängig von Zeit und Ort eine Kommunikation ermöglicht werden, die allen Mitgliedern Informationszugang und Transparenz erlaubt. Es scheint, als könnten mithilfe von Social Media weitere Prinzipien der Genossenschaftsbewegung besonders wirksam unterstützt werden. Denn die Vernetzung, die interne Diskussion über gemeinsame Vorhaben oder ein geschlossenes Auftreten nach außen stellen grundlegende Ziele einer Genossenschaft dar – und Social-Media-Plattformen können dies, zumindest theoretisch, erheblich fördern. Dabei unterstützen sie die grenzübergreifende Kommunikation zwischen Genossenschaftsmitgliedern, die sich zum Teil erst durch diese neuen Technologien finden und organisieren können. Gleichzeitig können diese Zusammenschlüsse, die der internen Vernetzung dienen, Social Media als externes Sprachrohr nutzen, das die Kommunikation mit der Außenwelt ermöglicht oder verbessert.

2 Die Herausforderung digitaler Transformation

2.1 Die Genossenschaftsbank heute

Im Zuge des informationstechnologischen Wandels steht der Bankensektor vor großen Herausforderungen (Schubert, 2013). Diese sind vor allem auf die wachsende Relevanz der digitalen Kommunikation zurückzuführen. Auch die Genossenschaftsbanken sind von dieser Entwicklung betroffen und müssen ihr bisheriges Geschäftsmodell mit Hilfe neuer Informations- und Kommunikationstechnologien erweitern, um dem zunehmenden Wettbewerbsdruck zu begegnen. Die große Konkurrenz der Onlinebanken hat außerdem dazu geführt, dass die Loyalität der Kunden von Filialbanken in den letzten Jahren nachgelassen hat. Der Vorteil der Volks- und Raiffeisenbanken des eng gestrickten regionalen Filialnetzes und der Präsenz in ländlichen Regionen scheint daher an Bedeutung zu verlieren. Die aus der Unterhaltung der zahlreichen Niederlassungen entstehenden hohen Kosten führen außerdem zu strukturellen Kostennachteilen und machen es zunehmend schwerer, gegen die im Preiswettbewerb überlegenen Onlinebanken zu bestehen (Schubert, 2013).

Dennoch gehören die Genossenschaftsbanken dank ihres soliden Geschäftsmodells zu den Gewinnern der Finanzkrise – und benötigten im Gegensatz zu Landesbanken und privaten Banken keinerlei Staatshilfen. Auf das Vertrauen vieler Kunden können sie daher nach wie vor zählen, da diese nach den Spekulationsexzessen und -skandalen der letzten Jahre genau wissen wollen, wie ihre Geldanlagen investiert werden. Durch den lokalen Bezug liegen Investitionsziele oftmals direkt in der Region. Zudem können die Entscheidungswege der Bank aufgrund des Regionalprinzips sehr kurz gehalten werden. Neben diesem Sicherheitsfaktor ist die Kundennähe ein weiterer Vorzug, den viele schätzen: Persönliche und ausführliche Beratungen gehören seit jeher zum Kern einer Genossenschaftsbank, und aufgrund der regionalen Orientierung sind risikoreiche Spekulationsgeschäfte in der Regel ohnehin weitgehend eingeschränkt.

2.2 Social Media: Eine theoretische Perspektive des Web 2.0

Auch in der Forschung erfahren Social Media seit Jahren zunehmende Aufmerksamkeit. Das sogenannte Web 2.0 ist vor allem dadurch gekennzeichnet, dass die Nutzer sich nicht nur informieren oder miteinander kommunizieren. Vielmehr nehmen die Nutzer eine aktive Rolle ein, indem sie selbst Inhalte – sogenannten user-generated-content – erstellen (Whiting/Williams, 2013). Hierbei handelt es sich um sämtliche Inhalte, die von Nutzern selbst veröffentlicht oder im Web 2.0 ausgetauscht werden (Kaplan/Haenlein, 2010). Das Web 2.0 bezeichnet eine interaktive Nutzung des Internets, in der Nutzer zu *Prosumenten* werden und somit die Rolle des Produzenten mit der des vormals passiven Konsumenten vereinen (Daugherty et al., 2008). *Social Media* wiederum bezeichnet eine Reihe von Plattformen, die den Austausch und die Veröffentlichung selbst erstellter Inhalte erlauben. Die zuvor rein passive Rolle der Internetnutzer hat sich im 21. Jahrhundert dahingehend gewandelt, dass Internetnutzer auf Augenhöhe mit Unternehmen kommunizieren können (Back, 2011). Dabei beruht die Motivation der Nutzer unter anderem darauf, dass sie ein aktiveres Mitspracherecht im Web 2.0 wahrnehmen, sich einer Community zugehörig fühlen oder sich mit ihren eigens erstellten Inhalten einem Netzwerk mitteilen können (Whiting/Williams, 2013). Unternehmensseitig können durch diese Interaktion strategische Ziele wie Kundenbindung, eine Imageverbesserung oder eine Steigerung der Innovationsfähigkeit adressiert werden, indem die Community beispielsweise bei Produktentwicklungen aktiv involviert wird (Kaplan/Haenlein, 2010; Kietzmann et al., 2011).

Obgleich Social Media oftmals als Instrument des Marketing diskutiert werden (Berthon et al., 2012), lassen sich in der Literatur eine Reihe weiterer Nutzenaspekte unterscheiden, die für die Zwecke des vorliegenden Beitrags von Relevanz sind. So weist Schubert (2013) explizit im genossenschaftlichen Kontext auf Social Media als Gegenpol zur sinkenden Frequentierung der Banken hin. Die Verschiebung der Interaktion ins Netz ist entsprechend aktiv auszugestalten, da die Interaktion indes völlig zu entfallen droht. Diese Interaktion ist aus Sicht der Bank deshalb so wichtig, weil sie in der Vergangenheit die Möglichkeit bot, den Kunden einerseits im Beratungsgespräch auf neue Produkte hinzuweisen und andererseits half, ein vertrauensvolles Verhältnis aufzubauen und so die Kundenbindung zu fördern (Schubert, 2013). Darüber hinaus erhielt die Bank durch diese regelmäßigen Kontakte präzise Informationen über die Kundenbedürfnisse und war somit in der Lage, das Angebot kontinuierlich anzupassen. Social Media bieten die Voraussetzungen, um diese Nutzenaspekte auszuschöpfen (Heller Baird/Parasnis, 2011), sei es mittels Online-Kommunikation zur Kundenpflege über die einschlägigen Kanäle (Schubert

2013) oder durch Netnographie zur Aufnahme der Kundenbedürfnisse (Kozinets, 2002). Doch auch rein genossenschaftsintern bieten sich spannende Möglichkeiten zum Einsatz von Web-2.0-Instrumenten. So beleuchten Koch und Richter (2009) die Chancen, das unternehmensübergreifende Wissens- und Informationsmanagement systematisch durch Social Software zu verbessern.

Neben den Zielen des Social-Media-Einsatzes muss auch das Medium zielgruppenspezifisch ausgewählt werden. So können jüngere Nutzer besser über Facebook und Twitter angesprochen werden als ältere Personen. Dementsprechend wird es nicht ausreichen, die Kunden- und Mitgliederkommunikation auf ein Online-Medium zu beschränken (Mangold/Faulds, 2009). Wenn die Kommunikation bzw. die gewählten Kommunikationskanäle den Wünschen der Kunden und Mitglieder entsprechen, kann allerdings Transparenz geschaffen werden, wodurch das Vertrauen der Kommunikationspartner gefördert und eine Identität aufgebaut werden kann. Eine langfristig angelegte Kommunikationsstrategie ist in diesem Zusammenhang unabdingbar (Schmitter, 2012).

2.3 Social-Media-Nutzung von Genossenschaftsbanken in der Praxis

Einige Genossenschaftsbanken haben den wachsenden Einfluss von Online-Kommunikation erkannt und bedienen sich schon seit einigen Jahren der neuen Möglichkeiten. Ein Beispiel unter den Volks- und Raiffeisenbanken bei der Nutzung von Social Media ist die Volksbank Bühl eG. Seit 2009 werden dort erfolgreich verschiedene soziale Netzwerke wie Facebook, Twitter, YouTube und Blogs genutzt – erfolgreich deshalb, weil die Anzahl der Facebook-Fans organisch gewachsen ist, die Transparenz gegenüber den Kunden sichtlich verbessert wurde und sich eine starke Beteiligung der Angestellten an den Social-Media-Aktivitäten beobachten lässt.

Darüber hinaus sind auf einigen Social-Media-Plattformen eine vergleichsweise intensive Kommunikation zwischen Bank und Kunde sowie ein aktiver Meinungsaustausch festzustellen. Ein weiteres Indiz für eine gelungene Web-2.0-Kommunikation innerhalb der Genossenschaft ist die Vertreterversammlung, die über entsprechende Online-Kanäle geteilt wird. Die Genossenschaftsmitglieder werden somit in die Lage versetzt, den Jahresabschluss, der beispielsweise zur Bestimmung des Überschusses dient, ortsunabhängig zu verfolgen.

Während der Befragung der Volksbank Bühl eG wurde von den zögerlichen Anfängen und dem fortlaufenden Prozess berichtet, soziale Netzwerke als wichtigen Kommunikationsweg zu integrieren. Die Entwicklung sei zunächst sanft verlaufen, und vor allem zu Beginn habe es einige Maßnahmen erfordert, um die Aufmerksamkeit auf die neuen Aktivitäten im Netz zu lenken – in erster Linie auf Facebook. Einer Aktivitätsmessung nach ist diese Plattform der wichtigste Online-Kanal der Volksbank Bühl eG, der durch natürliches Wachstum inzwischen fast 10.000 Gefällt-mir-Angaben verzeichnet. Da Bühl, eine Stadt im Westen Baden-Württembergs, selbst nur knapp 30.000 Einwohner hat, kann dies als eine beachtliche Anzahl betrachtet werden.

Für Kreditgenossenschaften bieten sich im Web 2.0 viele Möglichkeiten der Interaktion. Um den Mitgliedern und Kunden diese Möglichkeit zu bieten, sind eine aktive Präsenz auf sozialen Plattformen sowie deren stetige Pflege unumgänglich. Damit kann den Herausforderungen des digitalen Zeitalters begegnet und eine höhere Innovationsfähigkeit erreicht werden (Schubert, 2013). Dies ist vor allem insofern notwendig, als dass sich der Zugangsweg zur Bank verändert hat: Bankberater haben seltener die Möglichkeit, ihre Kunden in einem persönlichen Gespräch auf passende Produkte hinzuweisen, da die Frequentierung der Banken seit Jahren nachweislich abnimmt. Vieles funktioniert einfach und schnell per Online-Kommunikation. Diese neuen interaktiven Kommunikationswege können Genossenschaftsbanken helfen, den Dialog mit ihren Kunden zu verbessern, um diese in die Optimierung der Dienstleistungen mit einzubeziehen. Doch auch der Einbezug von Kunden und Genossenschaftsmitgliedern in die Entwicklung neuer Produkte kann – ganz im Sinne der sogenannten Open Innovation (Piller et al., 2012) – durch den Einsatz von Social Media ermöglicht werden. Eine Interviewstudie ergab, dass einige Kreditgenossenschaften bereits derartige Chancen nutzen. Die Berliner Volksbank eG fordert beispielsweise die Facebook-Follower in regelmäßigen Abständen aktiv dazu auf, Verbesserungswünsche zum Online-Auftritt, zu konkreten Produkten oder zum Service im Allgemeinen zu äußern.

Neben den Vorteilen, die die aktive Social-Media-Nutzung den Genossenschaftsbanken bringt, gibt es auf den verschiedenen Plattformen natürlich auch Risiken (Kaplan/Haenlein, 2010). In zahlreichen Interviews wurde als Barriere für eine Social-Media-Präsenz die Gefahr eines sogenannten Shitstorm, also einer Welle an negativen, unter Umständen beleidigenden Kommentaren, genannt. Dies schade dem Image der Bank. Auf Basis der Inhaltsanalyse und der Interviews, die im Social-Media-geprägten Umfeld stattfanden, ergibt sich jedoch die Erkenntnis, dass diese Sorge weitgehend unbegründet ist. In Beschwerdefällen müsse auf Deeskalation gesetzt und der direkte Kontakt mit dem unzufriedenen Kunden gesucht werden. Im Vorfeld – und generell – ist es besonders wichtig, auf Social Media einen fairen und transparenten Umgang zu wählen. Prominente Negativbeispiele wie das Verhalten des Konzerns Nestlé in einem Fall, in dem der Konzern einen Aufschrei der Community nicht ernstnahm, beweisen dies. Dem ging die Forderung von Greenpeace voraus, keine Rohstoffe mehr zu verwenden, die massiv zur Umweltzerstörung beitragen. Die Kampagne gegen Nestlé wurde hochgradig viral und gewann an Brisanz, als der Lebensmittelkonzern sich an der Zensur von Negativ-Feedback auf Facebook versuchte und die Entfernung eines Kampagnen-Videos von Greenpeace veranlasste.

Um den Umgang mit den sozialen Netzwerken zu fördern, haben viele Organisationen in ihren Schulungen das Thema Online-Kommunikation fest verankert, wie die Analyse der Interviews zeigte. Eine Netiquette, also Verhaltensregeln im Netz, wird deshalb als sinnvoll erachtet, weil sie Grundregeln für den Umgang in der virtuellen Welt schafft. In der Berliner Volksbank eG wurden in diesem Zusammenhang zum Beispiel interne Richtlinien abgestimmt. Enthalten sind darin nicht nur der richtige Umgang mit den Herausforderungen im Web 2.0, sondern auch aktuelle Themen oder die Social-Media-Strategie. Darüber hinaus gewährt das Unternehmen seinen Mitarbeitern auch während der Arbeitszeit Zugang zu den Social-Media-Netzwerken. In der Volksbank Bühl eG ist beispielsweise eine jährliche Teilnahme an einem entsprechenden Workshop Voraussetzung für die Beteiligung an den Social-Media-Aktivitäten und für das gesamte Team verpflichtend.

Auch im Kontext von Social Media spielt der Genossenschaftsgedanke eine bedeutsame Rolle. Durch die genossenschaftlichen Eckpfeiler kann man sich von anderen Banken abheben, indem die Mitgliederverpflichtung und gegenseitige Unterstützung unter den Mitgliedern großgeschrieben werden. Hierfür exemplarisch ist das Projekt „Aus Liebe zur Region" der Volksbank Bühl eG, bei dem Kunden und Mitglieder direkt mit einbezogen werden, indem sie selbst bestimmen, wofür ihr Geld verwendet werden soll. Gerade nach der Finanzkrise ist solch ein Schritt, der die Kunden dazu befähigt, das Investitionsziel ihrer Geldanlagen selbst zu benennen, ein deutliches Zeichen der Bank, dass auf Kundenwünsche eingegangen und sinnvoll investiert wird.

Eine weitere Genossenschaftsbank, die Social Media beispielhaft nutzt, ist die Sparda-Bank Nürnberg eG. In den letzten Jahren hat das Institut die Präsenz auf den Social-Media-Plattformen intensiviert und hat inzwischen mehr als 3.800 Facebook-Fans zu verzeichnen. Auch auf Twitter, YouTube und Google+ ist die Bank vertreten. Der Kunde kann somit auf einfache und schnelle Art und Weise einen Einblick in die Angebote und Serviceleistungen der Sparda-Bank Nürnberg bekommen oder direkt Kontakt aufnehmen. Die Social-Media-Präsenz helfe massiv dabei, die Bekanntheit der Bank im regionalen Umfeld zu fördern, wie die Befragung ergab.

Wie der Weg zur Online-Kommunikation geebnet werden kann, zeigt die Sparda-Bank Nürnberg eG ebenfalls auf. Da als eine mögliche Barriere die Unsicherheiten im Netz identifiziert wurden, werden den Kunden regelmäßige Informationsveranstaltungen zum Thema Internetsicherheit angeboten. Die Surf-Safe-Veranstaltungen, in denen die sichere Nutzung der Onlinebanking-Optionen erläutert wird, sind für alle Teilnehmer kostenlos. Für die Kunden lohnt es sich außerdem, aktiv zu werden und auf Facebook zu partizipieren, wird bei der Befragung betont. Denn sobald ein Kunde einen seiner Facebook-Freunde als Neukunden anwirbt, bekommt er eine Prämie und der neue Kunde einen Startbonus. Ein anderes Anreizsystem auf Social Media lässt sich bei der Berliner Volksbank eG finden, die die Nutzeraktivität auf dem eigenen Kanal regelmäßig durch Verlosungen belohnt.

3 Handlungsempfehlungen

Basierend auf den Erfahrungen aus der Praxis sowie bisherigen Erkenntnissen aus der Forschung und insbesondere auch den Ergebnissen des an der Friedrich-Alexander-Universität Erlangen-Nürnberg durchgeführten Forschungsprojekts „Connecting the Cooperative (CoCo)“, lassen sich einige für die meisten Genossenschaften gültige Handlungsempfehlungen für die Nutzung sozialer Medien ableiten. Diese Empfehlungen basieren auf der Interviewstudie und der Inhaltsanalyse, die im Rahmen des Projekts durchgeführt wurden, sowie den relevanten Arbeiten im Feld von Kaplan und Haenlein (2010), Kietzmann et al. (2011) und Back (2011).

1. Klare Ziele definieren
Genossenschaften sollten ihre Social-Media-Strategie von vornherein auf die Ziele und Absichten ausrichten, die sie mit der Web-2.0-Nutzung verfolgen. Social Media können ganz unterschiedliche, unternehmensspezifische Funktionen übernehmen, die von der Vermarktung neuer Produkte über reine Image-Kommunikation bis hin zur Informationsverbreitung für Mitarbeiter reichen können. Aus diesem Grund ist es wichtig, die Ziele klar zu definieren – auch um das Verständnis und die Identifikation der Mitarbeiter mit der Social-Media-Strategie zu fördern.

2. Genossenschaftliche Prägung hervorheben
Genossenschaften haben einen Trumpf in der Hand: Ihre Organisationsform steht für Zusammenhalt, Bodenständigkeit und Mitbestimmung. Sie können also bei ihren Social-Media-Aktivitäten auf diese Werte verweisen und entsprechende Inhalte darauf beziehen. Die Effekte sind intern wie extern positiver Natur, denn innerhalb der Genossenschaft wird das Gemeinschaftsgefühl gestärkt und nach außen ein positives Image vermittelt, das die Gewinnung neuer Genossenschaftsmitglieder begünstigt.

3. Stets authentisch und transparent bleiben
Genossenschaften sollten auch in Social Media ehrlich und transparent sein. So sollten sich beispielsweise Mitarbeiter immer mit ihrem vollständigen Namen und dem des Unternehmens zu ihren veröffentlichten Beiträgen bekennen. Glaubwürdigkeit ist für den Nutzen, den Social Media für das Unternehmen haben kann, stets von zentraler Bedeutung. Anonyme Posts sind nicht zielführend. Für den Leser ist es äußerst wichtig, über die Identität des Verfassers aufgeklärt zu werden, auch weil auf diese Weise ein konkreter Ansprechpartner für spätere Rückfragen benannt ist.

4. Geeignete Plattformen wählen

Die Auswahl der richtigen Plattformen hängt von der Social-Media-Strategie ab. Je nach Ziel und Zielgruppe ist es wichtig, die richtige Plattform und die entsprechende zielgruppen-spezifische Ansprache zu wählen. So sollte die Entscheidung anhand folgender einfacher Frage getroffen werden können: Auf welcher Plattform finden sich die Nutzer, die die Genossenschaft ansprechen möchte? Zu Beginn kann es empfehlenswert sein, sich auf *eine* Plattform zu konzentrieren und deren Verbreitung gezielt voranzutreiben. Dabei ist auch zu bedenken, dass eine aufwendig gepflegte Social-Media-Präsenz nicht jeder Genossenschaft anzuraten ist, was beispielsweise von demografischen Aspekten oder der strategischen Ausrichtung abhängt.

5. Gesetzliche Vorgaben einhalten

Natürlich muss sich auch in sozialen Netzwerken an geltendes Recht gehalten werden. Vor allem auf die Einhaltung von Copyrights wird streng geachtet. Veröffentlicht werden dürfen deshalb nur Inhalte, Bilder und Videos, die vom Betreiber einer Präsenz stammen bzw. an denen er die Rechte hat. Die Rechte anderer Nutzer müssen respektiert werden, das heißt, Quellen sollten klar genannt und Zitate als solche gekennzeichnet werden. Dies gilt insbesondere für Urheber- und Persönlichkeitsrechte, wie Datenschutz und Privatsphäre, und geltende Markenrechte. Gleiches gilt für Vereinbarungen, die üblicherweise mit dem Arbeitsvertrag geschlossen werden: Mitarbeiter sind auch bei der Nutzung von Social Media verpflichtet, Betriebs- und Geschäftsgeheimnisse zu wahren.

6. Inhalte abwechslungsreich gestalten

Einseitige Werbemaßnahmen sollten vermieden werden. In der Regel empfiehlt sich eine Mischung aus regionalen Themen oder News, Veranstaltungen, fachlichen Beiträgen und Leistungen der Genossenschaft. Besonders ein Blick hinter die Kulissen, wie beispielsweise die Darstellung von Team Events oder persönliche Beiträge von Mitarbeitern, tragen zu einer positiven Imagebildung bei. Wenn man hierzu den Markenkern kommunizieren kann, ist die sympathische Darstellung gelungen, die die Genossenschaft für Arbeitnehmer und potenzielle Genossenschaftsmitglieder gleichermaßen attraktiv macht. Zudem sollte generell darauf geachtet werden, Beiträge im Hinblick darauf auszuwählen, ob sie dem Leser einen Mehrwert bieten und zu Diskussionen anregen – denn die Kommunikation auf Social Media soll bilateral stattfinden.

7. Kommunikation innerhalb der Genossenschaft stärken

Social Media können auch gezielt zur rein internen Informationsweitergabe genutzt werden – als Diskussionsplattform und zur Bereitstellung von exklusiven Inhalten für die Genossenschaftsmitglieder. Die Transparenz und die erleichterte interne Kommunikation schaffen Zusammenhalt, der von ideellen und gemeinschaftlichen Werten geprägt ist. Das Web 2.0 schafft darüber hinaus einen Informationszugang unabhängig von Zeit und Ort mit der Chance zur Beteiligung und Mitbestimmung.

8. Zu Fehlern stehen

Wenn einem Unternehmen bei der Social-Media-Nutzung ein Fehler unterläuft, ist Aufrichtigkeit in Form eines Eingeständnisses der richtige Weg. Beiträge, die sich als nachteilig erweisen, sollten nicht einfach gelöscht, sondern mit klarer Kennzeichnung geändert werden. Andernfalls kann dies dem Unternehmen als Vertuschungsversuch angelastet werden. Stattdessen ist es ratsam, sich in einer Gegendarstellung auf die Kritik zu berufen. Zudem lässt sich in solchen Fällen die Community mit einbeziehen – sie kann z.B. um Verbesserungsvorschläge gebeten werden, die dem Unternehmen helfen, den Fehler gemeinsam mit den Nutzern zu beheben.

9. Die Social-Media-Community einbeziehen

Die Social-Media-Community kann im Web 2.0 in zuvor rein unternehmensinterne Prozesse einbezogen werden: beispielsweise in die Verbesserung der Serviceleistungen oder Produktentwicklungen. Je nach Zielsetzung kann eine Genossenschaft ihre gesamte Community oder lediglich die Genossenschaftsmitglieder einbeziehen. Hierfür müssen Mechanismen geschaffen werden, externe Faktoren in den Innovationsprozess aufzunehmen. Die Möglichkeiten zur Integration der Social-Media-Community sind vielfältig und reichen von Crowdsourcing über Innovationswettbewerbe bis hin zur Netnographie – ganz im Sinne der Open Innovation (Huff, Möslein/Reichwald, 2013).

10. Für die richtige Umsetzung sorgen

Für eine optimale Verankerung von Social Media in der Genossenschaft sollte sichergestellt werden, dass konkrete Ansprechpartner für die entsprechenden Aktivitäten benannt und ein angemessener Stundenaufwand bei der Organisation berücksichtigt werden. Dies ist entscheidend, um stets die Verantwortlichkeit im Austausch mit Kunden und Genossenschaftsmitgliedern sicherzustellen und die zeitlichen Rahmenbedingungen zu schaffen. Für eine richtige Umsetzung verstehen sich eine zügige und kompetente Beantwortung von eingehenden Fragen sowie regelmäßige Postings von selbst. Betreiber von Social-Media-Präsenzen sollten sich außerdem darüber im Klaren sein, dass Inhalte im Internet, je nach Plattform, von jedem gelesen und lange mit ihnen in Verbindung gebracht werden können.

11. Unternehmensspezifische Social-Media-Guidelines aufstellen
Viele Social-Media-Guidelines lassen sich auf jedes Unternehmen übertragen. Hierin sollten neben den Befugnissen eines jeden Mitarbeiters, der sich im Berufsumfeld auf den einschlägigen Plattformen aufhält, auch die Social-Media-Strategie enthalten sein. Ratsam ist es darüber hinaus, zusätzliche Regelungen und Empfehlungen aufzustellen, die konkret auf die definierten Ziele und das Umfeld ausgelegt sind. Das Potenzial des Web 2.0 lässt sich optimal ausschöpfen, indem allgemeingültige Social-Media-Richtlinien mit unternehmensspezifischen Empfehlungen kombiniert werden.

4 Ausblick

Soziale Medien können auf vielfältige Art die Interaktion unterstützen und sowohl zwischen Individuen als auch Organisationen Kommunikation, Kooperation und Kollaboration fördern. Je nach Wahl der Plattform und genauer Ausgestaltung der Aktivitäten können sie von Genossenschaften sowohl eingesetzt werden, um innerhalb die Vernetzung zu stärken, als auch um die Genossenschaft enger mit ihrer Umwelt zu verbinden. Mit der Möglichkeit, Vernetzung, Wissenstransfer und Zusammenarbeit auch zwischen einer großen Anzahl verschiedener Akteure zu erleichtern oder in manchen Fällen gar erst zu ermöglichen, können sie helfen, den genossenschaftlichen Grundgedanken zu verwirklichen und die Werte der Genossenschaft aktiv zu leben.

Mit dem Fortschreiten der Digitalisierung in Gesellschaft und Arbeitswelt bieten sich Unternehmen immer weitreichendere Möglichkeiten, wie Informations- und Kommunikationstechnologien gewinnbringend eingesetzt werden können. Gleichzeitig stellen die aktuellen Entwicklungen etablierte Unternehmen aber auch vor große Herausforderungen. Geänderte Kundenbedürfnisse und gestiegene Anforderungen haben den Druck auf Unternehmen erhöht, sich an diese geänderten Rahmenbedingungen anzupassen, um im Wettbewerb bestehen zu können. So ermöglichen moderne Informations- und Kommunikationstechnologien längst nicht mehr nur die Unterstützung bestehender Prozesse. Sie haben das Potenzial, vollständig neue Produkte, Dienstleistungen und sogar ganze Geschäftsmodelle entstehen zu lassen. Aktuelle Entwicklungen zeigen bereits, wie in verschiedenen Branchen etablierte Traditionsunternehmen durch Marktneulinge, z.B. aus dem Bereich der Digitalwirtschaft, unter Druck geraten. Für junge Unternehmen wird es entscheidend sein, einerseits die bisher unbefriedigten Bedürfnisse der potenziellen Nachfrager zu verstehen und andererseits moderne Technologien einzusetzen, um diese bestmöglich zu erfüllen. Für bestehende Unternehmen wird es angesichts derselben Herausforderung darüber hinaus von enormer Bedeutung sein, nicht starr an bisherigen Annahmen festzuhalten, sondern Geschäftsmodelle immer wieder auf den Prüfstand zu stellen, auf alten Stärken aufzubauen und die sich neu bietenden Möglichkeiten zu nutzen. Dies trifft auch auf Genossenschaftsbanken zu, die einerseits wie andere Banken mit den Herausforderungen globaler Finanzmärkte umgehen müssen, sich andererseits aber gerade in Zeiten, in denen der Finanzsektor unter anderem mit Imageproblemen zu kämpfen hat, ihrer traditionellen Werte und Stärken besinnen können.

Danksagung

Die Autoren danken der Ludwig-Erhard-Forschungsgesellschaft für Kooperative Wirtschaft für die Förderung des Projekts „Connecting the Cooperative (CoCo) – Die Bedeutung sozialer Medien für Kommunikation, Zusammenarbeit und Organisationskultur bei Genossenschaften".

Literatur

Back, A. (Hrsg.). (2011). Web 2.0 in der Unternehmenspraxis. Social-Media-Grundlagen und -Trends sowie Methoden und Fallstudien zu Enterprise 2.0. (3., vollständig überarbeitete Auflage). München: Oldenbourg.

Berthon, P. R., Pitt, L. F., Plangger, K., Shapiro, D. (2012). Marketing meets Web 2.0, social media, and creative consumers. Implications for international marketing strategy. Business Horizons 55 (3), 261–271.

Bhanot, S. (2012). Use of Social Media by Companies to reach their Customers. SIES Journal of Management 8 (1), 47–55.

Bundesverband Informationswirtschaft, Telekommunikation und neue Medien e. V. (Bitkom) (2013). Soziale Netzwerke 2013. (3., erweiterte Studie). Eine repräsentative Untersuchung zur Nutzung sozialer Netzwerke im Internet. Berlin.

Daugherty, T., Eastin, M. S., Bright, L. (2008). Exploring Consumer Motivations for Creating User-Generated Content. Journal of Interactive Advertising 8 (2), 16–25.

Gindele, N., Doluschitz, R. (2013). Landwirtschaftlicher Strukturwandel und veränderte Lieferanten- und Kundenbedürfnisse aus der Sicht von Bezugs- und Absatzgenossenschaften. In: Schulz-Nieswandt, F. (Hrsg.). Entstehung, Entwicklung und Wandel von Genossenschaften. Beiträge der AGI-NachwuchswissenschaftlerInnen-Tagung 2013 in Münster. Berlin: LIT (Neue Kölner Genossenschaftswissenschaft, Band 10).

Heller Baird, C., Parasnis, G. (2011). From social media to social customer relationship management. Strategy & Leadership 39 (5), 30–37.

Kaplan, A. M., Haenlein, M. (2010). Users of the world, unite! The challenges and opportunities of Social Media. Business Horizons 53 (1), 59–68.

Kietzmann, J. H., Hermkens, K., McCarthy, I. P., Silvestre, B. S. (2011). Social media? Get serious! Understanding the functional building blocks of social media. Business Horizons 54 (3), 241–251.

Koch, M., Richter, A. (2009). Enterprise 2.0. Planung, Einführung und erfolgreicher Einsatz von Social-Software in Unternehmen. (2., aktualisierte, erweiterte Auflage). München: Oldenbourg.

Kozinets, R. V. (2002). The Field Behind the Screen. Using Netnography for Marketing Research in Online Communities. Journal of Marketing Research 39 (1), 61–72.
Mangold, W. G., Faulds, D. J. (2009). Social media: The new hybrid element of the promotion mix. Business Horizons 52 (4), 357–365.
Münkner, H.-H. (2013). Blaupause des Internationalen Genossenschaftsbundes (IGB) für eine Dekade der Genossenschaften 2012–2020. Marburg: Institut für Genossenschaftswesen (ifG) - (Marburger Beiträge zur genossenschaftlichen Kooperation, Nr. 60).
O'Reilly, T. (2007). What Is Web 2.0: Design Patterns and Business Models for the Next Generation of Software. International Journal of Digital Economics (65), 17–37.
Piller, F. T., Vossen, A., Ihl, C. (2012). From Social Media to Social Product Development: The Impact of Social Media on Co-Creation of Innovation. Die Unternehmung 65 (1), 1–22.
Schmitter, C. (2012). Zeitgemäße Mitgliederkommunikation bei Wohnungsgenossenschaften. In: Brazda, J., Dellinger, M., Rößl, D. (Hrsg.). Genossenschaften im Fokus einer neuen Wirtschaftspolitik. Wien: LIT.
Schubert, M. (2013). Chancen und Grenzen der Online-Kommunikation im Kundenbindungsmanagement von Genossenschaftsbanken. FOM Hochsch. für Oekonomie und Management, Master-Thesis Berlin, 2012. (Wirtschaftswissenschaftliches Forum der FOM, 8). Aachen: Shaker-Verlag.
Schulz-Nieswandt, F. (Hrsg.). (2013). Entstehung, Entwicklung und Wandel von Genossenschaften. Beiträge der AGI-NachwuchswissenschaftlerInnen-Tagung 2013 in Münster. (Neue Kölner Genossenschaftswissenschaft, Band 10). Berlin: LIT.
Whiting, A., Williams, D. (2013). Why people use social media: a uses and gratifications approach. Qualitative Market Research: An International Journal 16 (4), 362–369.

Tanja Jovanović, Kai-Ingo Voigt

Auswirkungen der Digitalisierung auf Genossenschaftsbanken – Eine Geschäftsmodellperspektive

1 Einleitung

Das Thema Digitalisierung beeinflusst nicht nur das alltägliche Leben, sondern vor allem auch das Handeln von Unternehmen verschiedenster Branchen (Bitkom, 2015). Neben der Entstehung neuer Geschäftsmodelle sind vor allem die etablierten Geschäftsmodelle von Veränderungen betroffen, denn die Digitalisierung bringt Veränderungen von Geschäftsmodellen durch die Nutzung von Informations- und Kommunikationstechnologien mit sich (Reker/Böhm, 2013). Hierbei ist insbesondere die Finanzbranche stark von digitalen Innovationen geprägt (Frame/White, 2004, S. 116). Ein Vergleich der Geschäftsmodelle von 200 neuen Unternehmen im Finanzbereich verdeutlicht, dass diese in allen Bereichen der Branche tätig sind und sich vor allem durch einen hohen Kundenfokus auszeichnen (Paxmann/Roßbach, 2015, S. 6). Des Weiteren besitzen diese Newcomer einen strategischen Vorsprung gegenüber den traditionelleren Geschäftsmodellen im Bankensektor (Paxmann/Roßbach, 2015, S. 7, 9). Damit einhergehend sieht sich die Bankenbrache im Vergleich zu anderen Branchen mit den größten Geschäftsmodellveränderungen durch die Digitalisierung konfrontiert (Ernst & Young, 2015, S. 10).

In Deutschland sind hierbei besonders die genossenschaftlichen Banken genauer zu betrachten, da sie sich durch ihr „traditionelles" und regional verbundenes Geschäftsmodell großen Herausforderungen durch die digitalisierungsbedingten Veränderungen gegenübergestellt sehen (Burgmaier/Hüthig, 2015, S. 113). Genossenschaftsbanken sind ein elementarer Bestandteil der deutschen Bankenlandschaft sowie der Wirtschaft und Gesellschaft insgesamt (Helmbrecht, 2012, S. 159). Sie unterscheiden sich von Sparkassen und Privatbanken insbesondere durch ihre Rechtsform, die eingetragene Genossenschaft, denn diese bestimmt maßgeblich das Wirken einer Volks- und Raiffeisenbank.

Der Einfluss der Digitalisierung auf etablierte Kreditinstitute war bereits Gegenstand verschiedener Analysen. Eine wissenschaftliche Untersuchung des kreditgenossenschaftlichen Geschäftsmodells vor dem Hintergrund der Digitalisierung erscheint aber notwendig, um deren Auswirkungen überprüfen und empirisch bele-

Der vorliegende Beitrag stellt die erweiterte Fassung einer Publikation dar, die die Autoren in der Zeitschrift für das gesamte Genossenschaftswesen veröffentlicht haben: Jovanovic, T., Voigt, K.-I. (2016). Die Auswirkungen der Digitalisierung auf das Geschäftsmodell der Genossenschaftsbanken. Zeitschrift für das gesamte Genossenschaftswesen 66(2), 110–124.

https://doi.org/10.1515/9783110525748-003

gen zu können. Dies führt zu der folgenden Forschungsfrage: **Welche Auswirkungen hat die Digitalisierung auf das Geschäftsmodell von etablierten genossenschaftlichen Kreditinstituten?** Um dieser Frage nachzugehen, wurde eine Gruppendiskussion mit Experten des genossenschaftlichen Bankensektors durchgeführt, mit dem Ziel, das aktuelle Geschäftsmodell der Genossenschaftsbanken zu identifizieren und – darauf aufbauend – die aktuellen und zukünftigen Auswirkungen der Digitalisierung näher zu betrachten.

2 Qualitative Analyse des Geschäftsmodells der Genossenschaftsbanken

2.1 Geschäftsmodelle

Ein Geschäftsmodell beschreibt, wie ein Unternehmen „funktioniert" und ökonomische Werte generiert. Neben diesem grundlegenden Verständnis eines Geschäftsmodells existieren in der Literatur weitere differenziertere Meinungen hinsichtlich dessen, was ein Geschäftsmodell beschreibt und ausmacht. Eine klare und einheitliche wissenschaftliche Definition des Begriffs Geschäftsmodell fehlt bislang, jedoch lassen sich einige Beispiele in der Literatur finden (Chesbrough/Rosenbloom, 2002, S. 532; Teece, 2010, S. 173; Zott/Amit, 2010, S. 217). Wichtig für die Betrachtung von Geschäftsmodellen ist auch die Erkenntnis, dass ein strategisch gut positioniertes Geschäftsmodell einen Wettbewerbsvorteil für das betreffende Unternehmen schaffen kann (Porter, 1985, S. 33). Hinsichtlich des Aufbaus von Geschäftsmodellen existieren zahlreiche wissenschaftliche Untersuchungen, die sich unter anderem mit den innovativen Möglichkeiten von Geschäftsmodellveränderungen beschäftigen (z.B. Frankenberger et al., 2013, S. 251; Morris et al., 2005, S. 727; Shafer et al., 2005, S. 200f.).

Für die Analyse des kreditgenossenschaftlichen Geschäftsmodells ist es notwendig, eine Definition bzw. ein Konzept als Grundlage auszuwählen. Daher gründet die vorliegende Untersuchung auf dem Geschäftsmodellkonzept von Osterwalder, Pigneur und Tucci (2005). Die Autoren vergleichen in ihrer Arbeit verschiedene wissenschaftliche Geschäftsmodelldefinitionen und identifizieren hieraus die häufigsten Komponenten eines Geschäftsmodells. Im Folgenden leiten sie ein eigenes Geschäftsmodellkonzept ab, der sogenannte Business Model Canvas. Hierbei wird das Konzept des Geschäftsmodells wie folgt definiert: „[A] business model describes the rationale of how an organization creates, delivers, and captures value" (Osterwalder/Pigneur, 2010, S. 14). Das Business Model Canvas stellt ein verständliches Instrument dar, welches dennoch die thematische Komplexität nicht zu sehr vereinfacht. Hinzu kommt, dass dieses Konzept in der Praxis inzwischen vielfach Anwendung findet (Osterwalder/Pigneur, 2010, S.15). Aus den genannten Gründen wird dieses Geschäftsmodell-Konzept im Folgenden herangezogen, um das Geschäftsmodell von Genossenschaftsbanken zu analysieren.

Osterwalder und Pigneur (2010, S. 20–41) integrieren insgesamt neun Bausteine in ihrer Konzeption:

Wertangebot: Dieses bildet das Zentrum eines Geschäftsmodells. Es veranschaulicht die Produkte und/oder Dienstleistungen, die das Unternehmen dem Kunden anbietet und damit spezifischen Nutzen schafft. Hierbei sind nicht nur die tatsächlich zu erbringenden Leistungen zu nennen, sondern ebenfalls dahinterstehende Werte.

Kundensegmente: Dieser Baustein enthält die verschiedenen Kundengruppen, die das Unternehmen mit seinen Produkten anspricht.

Kanäle: An dieser Stelle wird definiert, wie ein Unternehmen seine Kunden erreicht und mit diesen kommuniziert. Die Kanäle sind die Schnittstelle zwischen Kunde und Unternehmen.

Kundenbeziehungen: Dieser Baustein beschreibt, in welcher Beziehung das Unternehmen zu seinen Kunden steht und wie diese ausgeprägt ist (z.B. persönliche Beratung, Mitgestaltung oder automatisierter Kontakt). Hierbei ist es wichtig, die Ausgestaltung der Kundenbeziehungen an die entsprechenden Kundensegmente anzupassen.

Schlüsselaktivitäten: Sie umfassen die wichtigsten Tätigkeiten eines Unternehmens, die notwendig sind, um das Geschäftsmodell zu erfüllen.

Schlüsselressourcen: Dies sind die wichtigsten Ressourcen, die erforderlich sind, um das Funktionieren des Geschäftsmodells zu ermöglichen. Die Ressourcen können physischer, personeller, finanzieller oder immaterieller Natur sein.

Schlüsselpartner: In diesem Baustein finden sich alle Partner des Unternehmens, wie beispielsweise Lieferanten, die einen Beitrag zum Gelingen des Geschäftsmodells leisten. Hierbei spielen verschiedene Formen von Partnerschaften eine wichtige Rolle.

Einnahmequellen und Kostenstruktur: Die finanziellen Aspekte des Geschäftsmodells sind in diesen beiden Bausteinen erfasst. Einnahmequellen stellen die Einkünfte eines Unternehmens, die aus dem Betrieb seines Geschäftsmodells und durch die Kunden generiert werden, dar. Die Kostenstruktur zeigt auf, welche Kosten dem Unternehmen durch den Betrieb seines Geschäftsmodells entstehen.

Die nachfolgende Abbildung 1 veranschaulicht die neun Bausteine des Business Model Canvas noch einmal grafisch:

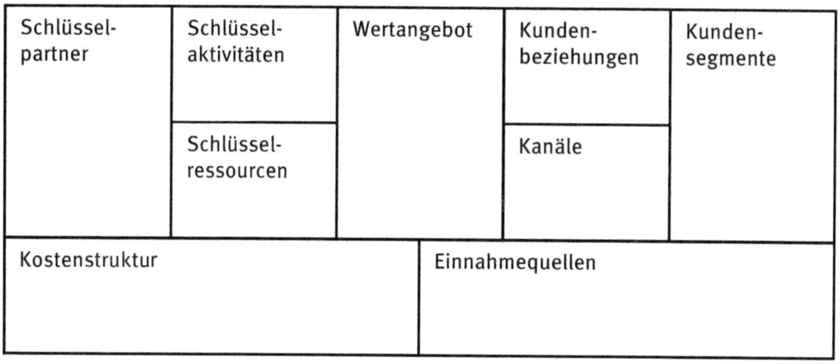

Abb. 1: Geschäftsmodellbausteine des Business Model Canvas (Quelle: Eigene Darstellung in Anlehnung an Osterwalder und Pigneur, 2010)

2.2 Geschäftsmodell der Genossenschaftsbanken

Eine detaillierte Betrachtung des Geschäftsmodells von Genossenschaftsbanken stellt einen komplexen Untersuchungsgegenstand dar. Aufgrund dessen und der vorliegenden Aktualität der Thematik wurde für die empirische Analyse eine qualitative Untersuchungsmethode, die Gruppendiskussion, gewählt. Gruppendiskussionen werden für tiefgehende Analysen einer bestimmten Thematik herangezogen, insbesondere wenn diese keine quantitativ empirische Analyse zulässt bzw. noch keine hinreichende theoretische Fundierung besitzt (Bohnsack/Przyborski, 2010, S. 233; Loos/Schäffer, 2001, S. 14; Morgan, 1988, S. 7). Ein entscheidender Vorteil eines derartigen Gruppengesprächs ist der gegenseitige und direkte Meinungsaustausch der beteiligten Gesprächsteilnehmer, wodurch verschiedene Sichtweisen zu einem Thema integriert werden können. Daraus entsteht in der Regel eine offene und kritische Diskussion zu einem Thema (Loos/Schäffer, 2001, S. 22–24). Surowiecki (2005, S. 176) hebt die Vorteile eines Austausches in der Gruppe gegenüber Einzelinterviews mit folgenden Worten hervor: „[A] successful face-to-face group is more than just collectively intelligent. It makes everyone work harder, think smarter, and reach better conclusions than they would have on their own".

In der vorliegenden Untersuchung bestand die Gruppendiskussion aus fünf Führungskräften bayerischer Kreditgenossenschaften. Die relativ kleine Gruppengröße wurde bewusst gewählt, da die Gruppendiskussion eine detaillierte Diskussion erforderte (Boddy, 2005, S. 250). Die Gruppendiskussion erbrachte zu den einzelnen Bausteinen des Geschäftsmodells von Genossenschaftsbanken die folgenden Ergebnisse, die grafisch in einem Geschäftsmodell-Konzept erfasst und aufbereitet wurden.

Wertangebot: Der Baustein Wertangebot einer Kreditgenossenschaft wird sowohl durch finanzielle als auch durch genossenschaftstypische Leistungen charakterisiert. Finanzielle Leistungen beinhalten das Einlagen- und Kreditgeschäft sowie zielgruppenspezifische Servicepakete und real-bezogene Finanzprodukte der Bank. Das für Kreditgenossenschaften spezifische genossenschaftliche Wertangebot zeichnet sich vor allem durch die ganzheitliche Beratung, die Erfüllung des Förderauftrags, die soziale bzw. gesellschaftliche Verantwortung für die Region sowie die Verbund- und Markengeschäfte aus. Hierbei kommt der Pflege von Kundenbeziehungen eine besondere Rolle hinzu. Ein geschäftsbestimmendes Merkmal ist die Regionalität, denn Geschäfte werden in einem bestimmten Einzugsgebiet getätigt. Im Allgemeinen definierten die Teilnehmer der Gruppendiskussion das Wertangebot der VR-Banken für ihre Kunden als ein leistungsstarkes Angebot mit einem fairen Preis.

Kundensegmente: Die Genossenschaftsbank bedient ausschließlich Kunden aus einem definierten regionalen Einzugsgebiet. Diese können in Privatkunden und Geschäftskunden unterteilt werden. Das Segment Geschäftskunden besteht vor allem aus mittelständischen Unternehmen mit einem durchschnittlichen Umsatz von weniger als 50 Millionen Euro. Außerdem differenzieren Genossenschaftsbanken ihre Kunden zwischen Mitgliedern und Nicht-Mitgliedern. Mitglieder sind hierbei Personen, die der Genossenschaft beigetreten sind und dadurch gewisse Rechte, z.B. Stimmrechte, ausüben dürfen. Kunden müssen aber nicht zwingend auch Mitglied der Bank sein.

Kundenbeziehungen: Die Experten der Gruppendiskussion beschrieben die Beziehungen der Kreditgenossenschaft zu ihren Kunden als auch Mitgliedern als direkt und persönlich. Weitere Attribute, die in diesem Zusammenhang genannt wurden, sind emotional, verantwortungsvoll, generationenübergreifend bzw. langfristig und krisensicher. Der Kunde einer Kreditgenossenschaft soll persönlich angesprochen werden und in dem regionalen Einzugsgebiet ansässig sein. Hierbei stellt die Mitgliedschaft – der zentrale Aspekt eines genossenschaftlichen Kreditinstituts – einen exklusiven und wichtigen Faktor für die langfristige Bindung eines Kunden an die Bank dar.

Kanäle: Im Zusammenhang mit den eben genannten Kundenbeziehungen werden die (Vertriebs-)Kanäle der Bank gesehen: Laut den Experten wird größtenteils eine Multikanalstrategie verfolgt, um das Wertangebot an die Kundensegmente zu vertreiben. Bestandteile dieser Strategie sind die zahlreichen örtlichen Niederlassungen (persönliche Beratung), telefonische Beratung, Online- sowie Mobilebanking. An dieser Stelle muss angemerkt werden, dass die einzelnen Genossenschaftsbanken, je nach Bankgröße, Regionalität und Kapazität, die Wahl der Kanäle selbst bestimmen. Somit existieren einige Banken, die bereits sehr aktiv im Online- und Mobilebanking sind, und andere, die hier noch am Anfang stehen.

Schlüsselpartner: Eine Genossenschaftsbank verfügt über verschiedene Partnerschaften, die das Geschäftsmodell maßgeblich beeinflussen. Die Gruppendiskussion identifizierte als wichtige Schlüsselpartner vorrangig die Verbundpartner aus dem genossenschaftlichen Finanzverbund, den Genossenschaftsverband Bayern bzw. den Bundesverband sowie Kammern, Kommunen/Bürgermeister, verschiedene Verbände, die Deutsche Bundesbank, die Bankenaufsicht sowie Kunden und Rechenzentren.

Schlüsselaktivitäten: Die Aktivitäten der Genossenschaftsbanken fokussieren sich auf die Erstellung von Finanzdienstleistungen. Hinzu kommt, dass die Banken neben bankeneigener auch externe Finanzdienstleistungen, z.B. aus dem Verbund, anbieten. An dieser Stelle wurde von den Experten die ganzheitliche Beratung der Bank betont, die mit dem Aufbau und der Pflege der Kundenbeziehungen verbunden ist. Zusätzlich ist die regionale Integration eine entscheidende Aktivität der Genossenschaftsbanken, die das Geschäftsmodell stärkt.

Schlüsselressourcen: Die Gruppendiskussion nannte an als Schlüsselressourcen die genossenschaftlichen Werte der Banken, die auf der Rechtsform der „eingetragenen Genossenschaft" basieren. Weitere Ressourcen zur Erfüllung des Wertangebots sind Markenkompetenz, regionale Standorte und damit eine lokale Integration mit regional verbundenen Mitarbeitern. An dieser Stelle lässt sich die starke regionale Verwurzelung der Genossenschaftsbanken deutlich erkennen.

Einnahmequellen und Kostenstruktur: Bezogen auf die finanzielle Perspektive des Geschäftsmodells bestehen die Ausgaben hauptsächlich aus Personal- und Sachkosten, Prüfkosten durch den Verband, sonstigen Fixkosten sowie variablen Kosten. Auf der anderen Seite bestehen die Einnahmen zu 75 % aus Zinserträgen und zu 25 % aus dem Vermittlungsgeschäft, jeweils mit Preisaufschlägen für Hochqualitätsprodukte. Die Experten betonten, dass die Einnahmen bisher eine vergleichsweise stabile und krisenresistente Einkommensquelle darstellten. Dies wurde insbesondere damit begründet, dass eine Genossenschaftsbank keine klassische Profitmaximierungsstrategie verfolgt und deshalb auch nicht in besonders riskanten Geschäftsfeldern tätig ist.

Die eben erläuterten Inhalte sind nochmals zusammenfassend in der nachfolgenden Abbildung 2 dargestellt:

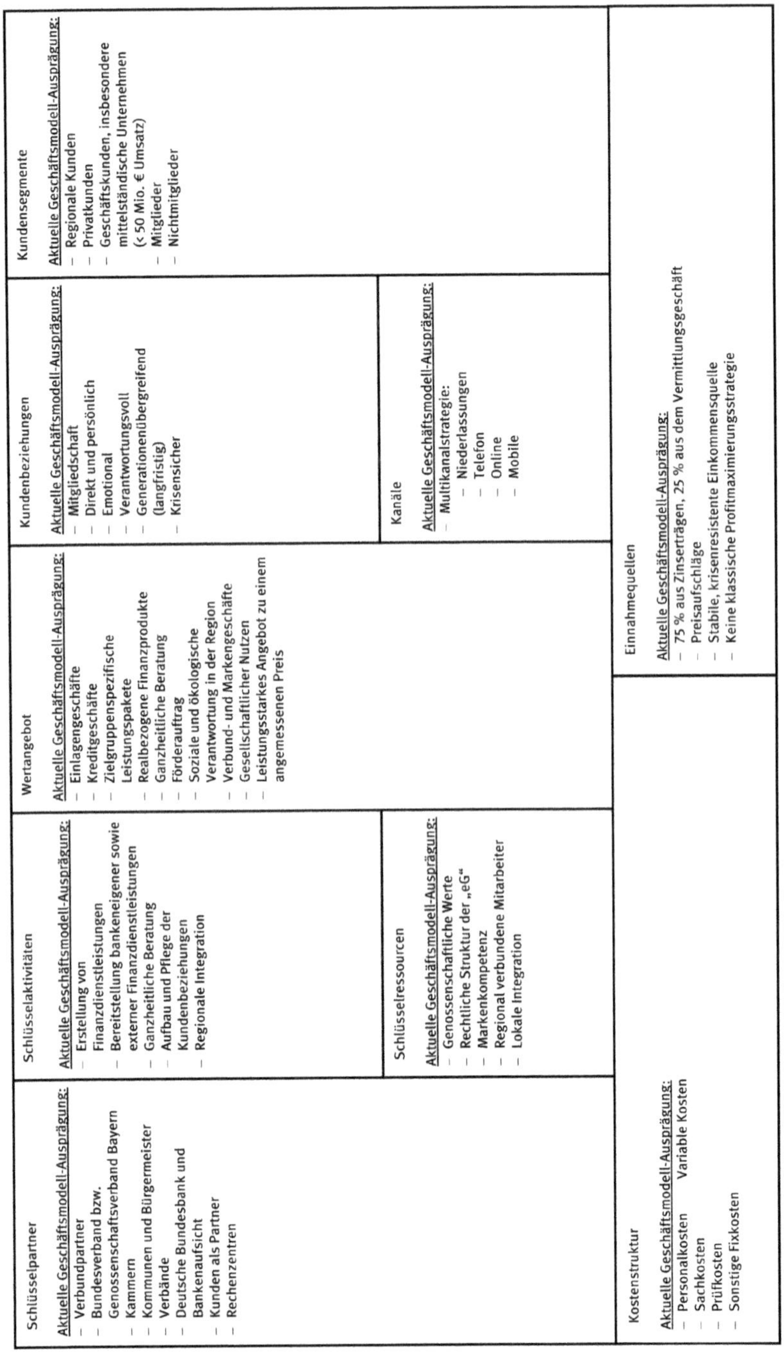

Abb. 2: Aktuelle Geschäftsmodell-Ausprägungen der Genossenschaftsbanken (Quelle: Eigene Darstellung)

3 Auswirkungen der Digitalisierung auf das Geschäftsmodell der Genossenschaftsbanken

Die Digitalisierung bewirkt einen Umbruch des gesamten Finanzdienstleistungsmarktes – in Deutschland sowie international (Dombret, 2015, S. 3; Thaidingsmann, 2007, S. 28f). Dadurch sind nicht nur einzelne Teile der verschiedenen etablierten Geschäftsmodelle betroffen, sondern teilweise auch ganze Geschäftsmodelle. Neben neuen Wettbewerbern im Markt sind neue Technologien und ein verändertes Kundenverhalten der Ausgangspunkt für Veränderungen (Vater, Cho/Sidebottom, 2012, S. 6). An dieser Stelle soll der genannte Wandel mit Blick auf das Geschäftsmodell der Genossenschaftsbanken analysiert werden. Der folgende Abschnitt erläutert, welche Auswirkungen die Digitalisierung auf die einzelnen Bausteine des Geschäftsmodells einer Genossenschaftsbank mit sich bringt.

Wertangebot: Der Baustein Wertangebot wird zukünftig durch eine innovative Ausrichtung der Produkte/Dienstleistungen der Bank geprägt. Es werden stärker personalisierbare und deutlich emotionalere Produkte bzw. Lösungen in den Vordergrund rücken (Burchard, 2003, S. 335). Durch die erhöhten Datenströme über Kunden können personalisierbare Produkte entstehen, die gleichzeitig den Kunden stärker binden. Die emotionale Komponente ist relevant, um sich vom klassischen und leicht ersetzbaren Finanzgeschäft abzuheben und den genossenschaftlichen Charakter in den Vordergrund zu rücken. Damit einhergehend müssen Kreditgenossenschaften stärker mobile Lösungen anbieten. Hierbei könnte eine über das klassische Finanzgeschäft hinausgehende Beratung in verschiedenen Kanälen, im Sinne einer gesteigerten Serviceintensität, das Wertangebot der Bank bereichern. Dies ist vor allem relevant, um den veränderten Kundenanforderungen zu begegnen und um sich von anderen Finanzinstituten abzuheben.

Der derzeitige Trend der Sharing-Economy führt bereits seit Jahren zu neuen Geschäftsmodellen: Einige Beispiele für digitale Gemeinschaften sind Carsharing, Mitfahrgelegenheiten und Tauschmärkte. Eben dieser Trend stellt auch eine Chance für genossenschaftliche Banken dar, da er mit den genossenschaftlichen Werten der Selbsthilfe, Selbstverantwortung und Gemeinschaft einhergeht. Genossenschaftsbanken könnten hier noch stärker als Plattformen agieren, um Menschen, insbesondere ihre Mitglieder, zusammenzubringen und sie gemäß der genossenschaftlichen Idee zu unterstützen. Einen ersten Schritt gehen bereits einige VR-Banken mit einer Crowdfunding-Initiative, die gemeinnützige Projekte fördert (VR-NetWorld, 2015). Crowdfunding kann insbesondere als digitale Weiterentwicklung des genossenschaftlichen Gemeinschafts- und Selbsthilfegedankens gesehen werden (Brem et al. 2014, S. 49). Auch hier geht es um die Finanzierung von Projekten/Unternehmen/Ideen mit Hilfe vieler Einzelpersonen über eine digitale Plattform. Diese viel diskutierte Finanzierungsart kann Genossenschaftsbanken eine innovativere Ausrichtung ermöglichen und jüngere Kunden erreichen, sofern sie strategisch sinnvoll genutzt wird. Hierbei könnte vor allen Dingen eine erhöhte Mitsprache der Kunden und Mitglieder thematisiert werden, da diese durch Crowdfunding die Möglichkeit erhalten, mitzuentscheiden, welche Projekte gefördert werden. Insgesamt kann die Digitalisierung zu einem gesteigerten Wertangebot mit mehr Demokratisierung, Emotionalisierung und einer Rückbesinnung auf die genossenschaftlichen Werte führen.

Kundensegmente: Durch die Digitalisierung verändern sich die Handlungs- und Informationsmöglichkeiten der Kunden. Diese haben einen verstärkten Zugang zu Informationen, wie beispielsweise Produktvergleichen, und können einfacher Produkte wechseln. Eine grobe Trennung von Kundensegmenten wird nicht mehr möglich sein. Es muss eine spezifischere Betrachtung der einzelnen Kunden(-gruppen) erfolgen, um entsprechende Leistungen bereitzustellen. Ein langfristig wichtiges Segment stellen die Digital Natives dar, also diejenigen Kunden, die mit digitalen Medien aufgewachsen sind und diese als einen alltäglichen Bestandteil nahezu aller Lebensbereiche betrachten. Hierdurch verändert sich das Verhalten und die Gesellschaft im Allgemeinen nachhaltig (Autry/Berge, 2011, S. 460–466; Prensky, 2001a, S. 1–6; Prensky, 2001b, S. 1–6). So sind diese mobilen Kunden vor allem durch ein verändertes Nachfrageverhalten gekennzeichnet, da der Finanzservice für sie immer und überall erreichbar sein soll (Cocca, 2014, S. 9–14; Hellenkamp, 2015, S. 45–65). Dieses Kundensegment wird v. a. bei kleineren örtlichen Genossenschaftsbanken eine verstärkte Reaktion hervorrufen müssen, um die Bindung der Bank an ihre Kunden nicht zu verlieren.

Kundenbeziehungen: Durch den intensiven Austausch in der Online-Welt verringern sich die Filialbesuche zunehmend (Hellenkamp, 2015, S. 47), was mit dem bisherigen Kundenbeziehungen der Genossenschaftsbanken kollidiert. Durch den verringerten Kontakt in der Filiale ist die Verstärkung der emotionalen Bindung über Soziale Medien unabdingbar. Unterstützt wird eine Social-Media-Strategie durch die Tatsache, dass eine repräsentative Befragung zeigt, dass nahezu 80 % der Internetnutzer in mindestens einem sozialen Netzwerk angemeldet und zwei Drittel dort auch aktiv sind (Bitkom, 2013, S. 3, 7). Des Weiteren könnten durch den Einsatz von Open-Innovation-Ansätzen Kunden aktiv in Entscheidungen der Bank über Produkte mit einbezogen und somit ein aktiverer Teil der Bank werden (Grafmüller et al., 2014, S. 13). Die Mitgliederförderung sollte demnach verstärkt genutzt werden, um ein Gemeinschaftsgefühl zu schaffen und sich strategisch von anderen Banken abzuheben.

Kanäle: Bisher verfolgen die meisten Genossenschaftsbanken eine Multikanalstrategie. Zukünftig wird jedoch eine Omnikanal-Strategie von existenzieller Bedeutung für die Banken sein. Damit einhergehend werden die Online- und Mobile-Aktivitäten die größte Bedeutung erlangen, wohingegen eine Reformierung – gegebenenfalls auch Straffung – des Filialnetzes notwendig ist (Vater et al., 2012, S. 9). Filialen könnten eher für die Beratung komplexer Bankdienstleistungen, z.B. Firmen- oder Immobilienkredite, sinnvoll sein, wohingegen sich die allgemeine Kommunikation mit dem Privatkunden primär in das Internet verlagert. Bei näherer Betrachtung der bisherigen Bemühungen im Social-Media-Bereich sind einerseits teils pionierhafte Vorbilder und andererseits noch wenig entwickelte Kreditgenossenschaften zu finden (Grafmüller et al., 2014, S. 12–14). Soziale Medien sind eine sehr gute Möglichkeit zur Interaktion zwischen Kunden und Bank, da sie ein Gemeinschaftsgefühl schaffen und damit den Genossenschaften zu ihrem eigentlichen Zweck verhelfen können. Des Weiteren wird die Bekanntheit der Bank in der Region gefördert. Das ist vor allem wichtig im Hinblick auf die junge Generation der Bankkunden, welche vorrangig in Sozialen Medien interagiert. Notwendige Voraussetzung für eine erfolgreiche Social-Media-Strategie ist die aktive und kontinuierliche Gestaltung dieser Medienkontakte.

Schlüsselpartner: Hinsichtlich dieses Bausteins ergeben sich neue mögliche Partnerschaften. IT-Experten werden für die Modernisierung der IT-Infrastruktur verstärkt benötigt (Theurl/Werries, 2007, S. 19). Ebenfalls können FinTechs – trotz ihrer derzeitigen Position als neue Wettbewerber – als potenzielle Partner angesehen werden. Diese fokussieren sich auf bestimmte Kundenbedürfnisse und richten ihre Tätigkeiten konsequent darauf aus, diese in hohem Maße zu erfüllen (Alt/Puschmann, 2012, S. 203–215). Entscheidend hierbei ist, dass sie Marktanteile von klassischen Banken vereinnahmen. Genau dieser Entwicklung kann mit einer möglichen Kooperationsstrategie entgegengegangen werden. So sind bereits Kooperationen von VR-Banken und App-Entwicklern zu beobachten (Volksbank Hellweg, 2016, o.S.). Einhergehend mit der Digitalisierung sind auch Unmengen von Daten, die ebenfalls zu neuen Geschäftsmodellen in verschiedenen Branchen geführt haben bzw. in großem Maße für die gezielte Kundenansprache genutzt werden. In diesem Sinne könnten Genossenschaftsbanken mit Datenbesitzern aus anderen Industrien zusammenarbeiten, um ihre Kunden und Mitglieder gezielter anzusprechen. Neben diesen sind Social-Media-Plattformen strategisch-relevante neue Partner, da sie Zugang zu potenziellen Kunden haben und ebenfalls Daten besitzen.

Schlüsselaktivitäten: Hinsichtlich der Schlüsselaktivitäten werden die bisherigen Ausprägungen weitestgehend bestehen bleiben, da die Banken ihre Kernaufgaben, die Erstellung von Finanzdienstleistungen, auch weiterhin durchführen werden. Die Kundenberatung und Pflege von Kundenbeziehungen müssen nicht nur offline, sondern nun auch online stattfinden. Ebenso werden strategische Analysen der eigenen Prozesse und Aktivitäten notwendig, da sich die Digitalisierung auch im Back-Office der Bank auswirkt. Auch in diesem Baustein kommt der Datenanalyse eine große Bedeutung zu.

Schlüsselressourcen: In diesem Bereich sollte verstärkter Fokus auf eine Zusammenarbeit mit anderen VR-Banken, dem Verbund und Internetexperten gelegt werden. Der Aufbau eines solchen digitalen Netzwerks ist insbesondere für kleinere Genossenschaftsbanken von großer Bedeutung, da diese meist nicht die Ressourcen besitzen, alle Maßnahmen der Digitalisierung eigenständig umzusetzen (Theurl/Werries, 2007, S. 10). Im Zuge dieser Maßnahmen könnte bankfremdes Personal, welches Know-how im Bereich des Innovationsmanagement und der Digitalisierung

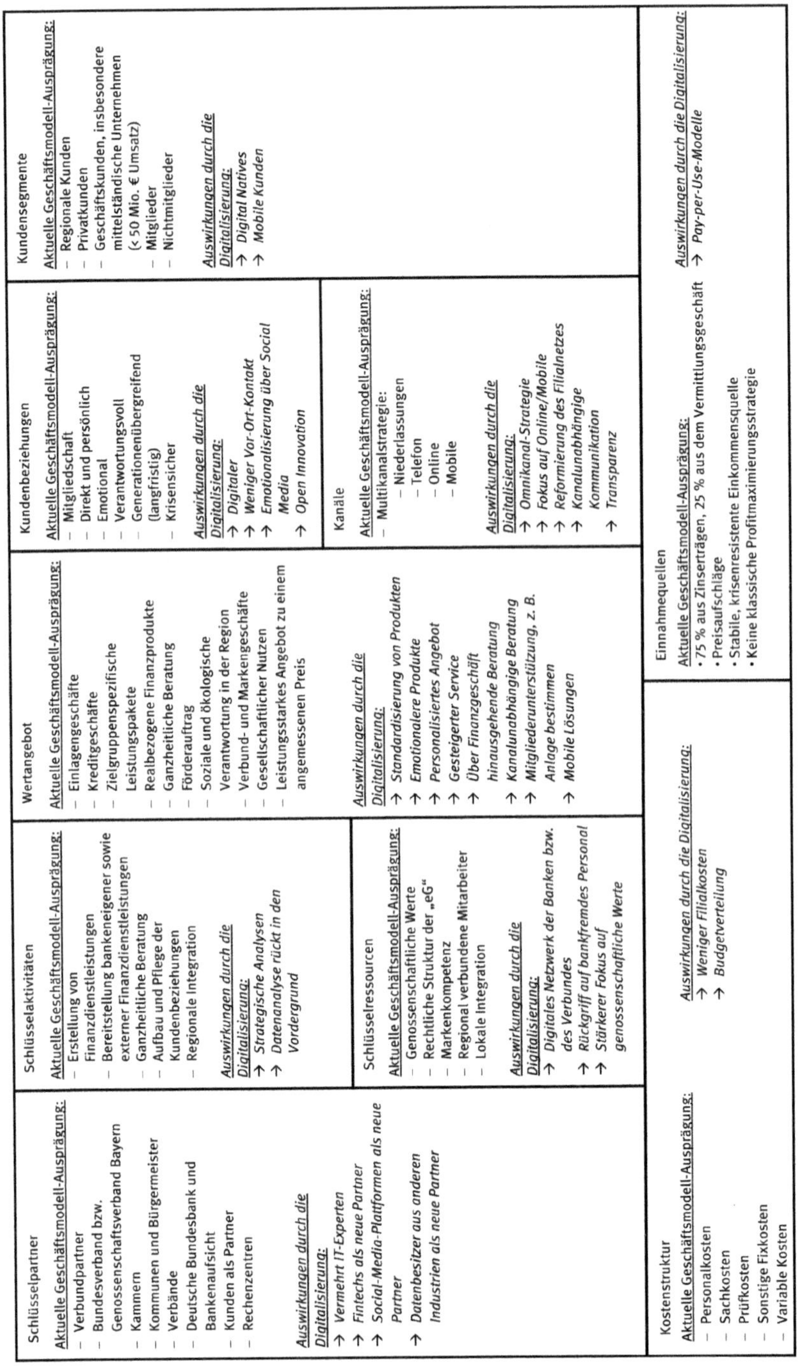

Abb. 3: Auswirkungen der Digitalisierung auf das Geschäftsmodell der Genossenschaftsbanken (Quelle: Eigene Darstellung)

besitzt, verstärkt in Genossenschaftsbanken eingesetzt werden. Außerdem sollten sich Kreditgenossenschaften auf die genossenschaftliche Idee zurückbesinnen, um ihr Wertangebot von anderen Finanzinstituten positiv abzuheben.

Kostenstruktur und Einnahmequellen: Im finanziellen Bereich des Geschäftsmodells könnte eine Budgetverteilung notwendig sein. Da eine Restrukturierung der Filialen und eine Fokussierung auf den Online-Bereich erwartet wird, könnten sich die Kosten auf der einen Seite verringern, auf der anderen Seite jedoch erhöhen. Eine Verschiebung der Einnahmequellen auf Online-Produkte ist offensichtlich. So könnten Pay-per-Use-Modelle an Bedeutung hinzugewinnen und eine neue Einnahmequelle für die Banken darstellen.

Die eben erläuterten Auswirkungen auf das Geschäftsmodell werden in der Abbildung 3 zusammenfassend dargestellt.

4 Fazit und Ausblick

Die Digitalisierung ist ein Prozess, der immer stärker voranschreitet und große Veränderungen mit sich bringt. In der Finanzindustrie resultieren die technologischen Neuerungen insbesondere in einem veränderten Kundenverhalten, neuen Finanzprodukten (beispielsweise Bitcoins) und neuen Wettbewerbern (hier vor allem die FinTechs). All diese Neuerungen scheinen der langfristig angelegten und regionalen Geschäftstätigkeit der Genossenschaftsbanken, die auf einem genossenschaftlichen Fundament beruhen, entgegenzustehen. Bei näherer Betrachtung der aufgezeigten Auswirkungen der Digitalisierung auf das Geschäftsmodell der Kreditgenossenschaften wird deutlich, dass Veränderungen in allen Bereichen des Geschäftsmodells zu erwarten sind.

Die prägendsten Veränderungen spiegeln hierbei auch den akuten Handlungsbedarf der Banken wieder:

- Die veränderten Kundenbedürfnisse wünschen mobile und individuelle Finanzlösungen.
- Der erhöhte Datenfluss verlangt nach neuen Partnerschaften und eröffnet den Weg für neue Geschäftsfelder sowie individuell zugeschnittene Produkte.
- Die online-basierte Kommunikation und Abwicklung von Finanzgeschäften schwächt die Rolle der Filiale und persönlichen Vor-Ort-Kommunikation.
- Das Auftreten neuer Wettbewerber erhöht die Nutzung des Alleinstellungsmerkmals, der genossenschaftlichen Werte.

Folglich sind Anpassungen im Geschäftsmodell der Kreditgenossenschaften notwendig. Diese Anpassungen erfordern spezifische Attribute, die die Banken leben müssen, um auch langfristig erfolgreich im digitalen Zeitalter bestehen zu können: Innovation, Flexibilität sowie Kunden- und Mitgliederintegration. Hinzu kommt die

Rückbesinnung auf die genossenschaftlichen Werte Förderung, Selbsthilfe, Selbstverantwortung, Selbstverwaltung, die im Zuge der Digitalisierung keinesfalls an Bedeutung verlieren, sondern sogar noch an Wichtigkeit gewinnen werden.

Trotz einiger zukunftsweisender Initiativen (Becker, 2012) ist ein Umdenken des gesamten Geschäftsmodells gefordert, wofür nicht nur organisatorische, strategische und strukturelle, sondern letztlich auch kulturelle Anpassungen notwendig sind. Die Genossenschaftsbanken sind nun gefragt, die Chancen, die sich durch die Digitalisierung bieten, zu nutzen und ihr Geschäftsmodell zukunftsfähig auszurichten.

Literatur

Alt, R., Puschmann, T. (2012). The rise of customer-oriented banking – electronic markets are paving the way for change in the financial industry. Electronic Markets 22(4), 203–215.

Aschhoff, G., Henningsen, E. (1985). Das Deutsche Genossenschaftswesen. Entwicklung, Struktur, wirtschaftliches Potential. Frankfurt am Main: Knapp.

Atalanda (2015). Atalanda. URL https://atalanda.com/ [zuletzt aufgerufen am 09.03.2016].

Autry, A.J., Berge, Z. (2011). Digital natives and digital immigrants: getting to know each other. Industrial and Commercial Training 43(7), 460–466.

Becker, E. (2012). Visionen für 2020: Neben Kosten, Internet und Regulierung sind auch 20 Millionen Mitglieder im Visier. URL http://www.ifg-muenster.de/toplinks/medienecho/2012/material/BI_1203_08-12_Verbund.pdf [zuletzt aufgerufen am 09.03.2016].

Bundesverband Informationswirtschaft, Telekommunikation und neue Medien e. V. (Bitkom) (2013). Soziale Netzwerke 2013: Eine repräsentative Untersuchung zur Nutzung sozialer Netzwerke im Internet. Berlin: Bitkom.

Bundesverband Informationswirtschaft, Telekommunikation und neue Medien e. V. (Bitkom) (2015). Digitalisierung verändert die gesamte Wirtschaft. URL https://www.bitkom.org/Presse/Presse-information/Digitalisierung-veraendert-die-gesamte- Wirtschaft.html (letzter Aufruf: 09.03.2016).

Boddy, C. K. (2005). A rose by any other name may smell as sweet but "group discussion" is not another name for a "focus group" nor should it be. Qualitative Market Research 8(3), 248–255.

Bohnsack, R., Przyborski, A. (2010). Diskursorganisation, Gesprächsanalyse und die Methode der Gruppendiskussion. In: R. Bohnsack, A. Przyborski, B. Schäffer (Hrsg.), Das Gruppendiskussionsverfahren in der Forschungspraxis. Opladen: Verlag Barbara Budrich.

Brem, A., Jovanovic, T., Tomczak, A. (2014). Crowdsourcing, Crowdfunding, Crowdinvesting: Eine Renaissance von Genossenschaften bei Unternehmensgründungen? Zeitschrift für das gesamte Genossenschaftswesen, Sonderheft, 39–52.

Burchard, U. (2003). Zukunft der Genossenschaftsbanken. In O. Betsch, G. Merl (Hrsg.), Zukunft der Finanzindustrie. Das Überdenken von Geschäftsmodellen. Frankfurt am Main: Knapp.

Bundesverband der Deutschen Volksbanken und Raiffeisenbanken e.V. (BVR) (2015). Zahlen, Daten, Fakten. Verfügbar unter URL http://www.bvr.de/Presse/Zahlen_Daten_Fakten [zuletzt aufgerufen am 09.03.2016].

Burgmaier, S., Hüthig, S. (2015). Kampf oder Kooperation – Das Verhältnis von jungen Wilden und etablierten Geldinstituten. In H. Brock, I. Bieberstein (Hrsg.), Multi- und Omnichannel-

Management in Banken und Sparkassen. Wege in eine erfolgreiche Zukunft (101–114). Wiesbaden: Gabler Verlag.
Chesbrough, H., Rosenbloom, R. S. (2002). The role of the business model in capturing value from innovation: evidence from Xerox corporation's technology spinoff companies. Industrial and Corporate Change 11, 529–555.
Cocca, T. D. (2014). neXtGen: Wealth Management im Jahr 2030. URL https://deutscheam.com/de/Thought-Leadership/Dokumentencenter/67/neXtGEN-Wealth- Management-2030 [zuletzt aufgerufen am 09.03.2016].
Dombret, A. (2015). Der Druck wächst. Die Bedeutung der Digitalisierung für den Bankensektor. In Handelsblatt-Journal (Hrsg.), Digitalisierung in Banken und Finanzindustrie.
Eim, A. (2007). Governancestrukturen des genossenschaftlichen FinanzVerbundes: Eine institutionenökonomische Analyse aus Primärbankensicht. In Münstersche Schriften zur Kooperation 77. Aachen: Shaker Verlag.
Ernst & Young (2015). Digitalisierung: Wer investiert und profitiert – wer verliert?
Frame, W.S., White, L.J. (2004). Empirical Studies of Financial Innovation: Lots of Talk, Little Action? Journal of Economic Literature 42(1), 116–144.
Frankenberger, K., Weiblen, T., Csik, M., Gassmann, O. (2013). The 4I-Framework of Business Model Innovation: An Analysis of the Process Phases and Challenges. International Journal of Product Development 18(3/4), 249–273.
Götzl, S., Aberger, A. (2011). Volksbanken und Raiffeisenbanken im Kontext der internationalen Finanzarchitektur – Ein Plädoyer für sektoradäquate Regulierung in Europa. Zeitschrift für das gesamte Genossenschaftswesen 61 (Sonderheft), 1–36.
Götzl, S., Gros, J. (2009). Regionalbanken seit 160 Jahren. Die Volksbanken und Raiffeisenbanken. Merkmale, Strukturen, Leistungen. Wiesbaden: Deutscher Genossenschaftsverlag.
Grafmüller, L. K., Raß, M., Möslein, K. M. (2014). Die Genossenschaft im Web 2.0: Social Media richtig einsetzen. CLIC, No. 029.
Gschrey, E. (2013). Basel III: Auswirkungen auf Genossenschaftsbanken und den Mittelstand. In O. Everling, R. Langen (Hrsg.), Basel III. Auswirkungen des neuen Bankenaufsichtsrechts auf den Mittelstand. Köln: Bank-Verlag.
Hellenkamp, D. (2015). Bankwirtschaft. Wiesbaden: Gabler Verlag.
Helmbrecht, D. (2012). Die Einbettung genossenschaftlicher Werte in die VR Teilhaberbank – Praktische Umsetzung wissenschaftlicher Anforderungen. Zeitschrift für das gesamte Genossenschaftswesen 62(2), 147–160.
Hofmann, G. (2003). Kreditgenossenschaften – Stabilitätsanker in der Finanz- und Staatsschuldenkrise. Zeitschrift für das gesamte Genossenschaftswesen 63(2), 95–114.
Loos, P., Schäffer B. (2001). Das Gruppendiskussionsverfahren. Theoretische Grundlagen und empirische Anwendung. Wiesbaden: VS Verlag für Sozialwissenschaften.
Morgan, D. (1988). Focus groups as qualitative research. Newbury Park, CA: Sage.
Morris, M., Schindehutte, M., Allen, J. (2005). The Entrepreneur's Business Model: Toward a Unified Perspective. Journal of Business Research 58, 726–735.
Osterwalder, A., Pigneur, Y. (2010). Business Model Generation: A handbook for Visionaries, Game Changers, and Challengers. Hoboken: John Wiley and Sons.
Osterwalder, A., Pigneur, Y., Tucci, C.L. (2005). Clarifying business models: origins, present, and future of the concept. Communications of the Association for Information Systems 16, 1–28.
Paxmann, S., Roßbach, S. (2015). Innovative Geschäftsmodelle im Banking: Factbook 2015. Köln: Bank-Verlag.
Prensky, M. (2001a). Digital Natives, Digital Immigrants Part 1. On the Horizon 9(5), 1–6.
Prensky, M. (2001b). Digital Natives, Digital Immigrants Part 2: Do They Really Think Differently? On the Horizon 9(6), 1–6.

Porter, M. E. (1985). Competitive Advantage. New York: Free Press.
Shafer, S. M., Smith, H. J., Linder, J. C. (2005). The Power of Business Models. Business Horizons 48, 199–207.
Surowiecki, J. (2005). The Wisdom of Crowds. New York: Anchor Books.
Thaidingsmann, U. (2007). Der Finanzdienstleistungsmarkt im Wandel. Das Geschäftsmodell „regionale Universalbank" unter Druck. Saarbrücken: VDM Verlag Dr. Müller.
Teece, D. J. (2010). Business Models, Business Strategy and Innovation, Long Range Planning 43, 172–194.
Theurl, T., Werries, A. (2007). Erfolgsfaktoren für Finanzportale im Multikanalbanking von Genossenschaftsbanken: Ergebnisse einer empirischen Untersuchung, Arbeitspapiere des Instituts für Genossenschaftswesen der Westfälischen Wilhelms-Universität Münster 61.
Vater, D., Cho, Y., Sidebottom, P. (2012). Retailbanking: Die digitale Herausforderung. München: Bain & Company.
Volksbank Hellweg eG (2016). Bequem Geld überweisen ohne IBAN und BIC. Innovative Finanz-App „Vostar" veröffentlicht. URL https://www.volksbank-hellweg.de/wir-fuer-sie/aktuelles-regionales/banksache/social-banking-app.html [zuletzt aufgerufen am 09.03.2016].
VR-NetWorld GmbH (2015). Viele schaffen mehr. URL https://www.viele-schaffen-mehr.de/ [zuletzt aufgerufen am 09.03.2016].
Zott, C., Amit, R. (2010). Business Model Design: An Activity System Perspective. Long Range Planning 43, 216–226.

Matthias Fischer

Omnikanal und Kundenorientierung in der digitalen Filialbank

1 Einleitung

Die Zukunft der Bankfiliale wird online und offline sein, um ihren USP zu behalten. Einerseits darf sie ihren Markenkern der lokalen Präsenz mit persönlicher Beratung nicht verlieren und andererseits muss die Filiale den aktuellsten Stand der Technik im digitalen Angebot liefern, um Direktbanken und FinTechs auf Abstand zu halten. Die strategische Positionierung als Omnikanal-Bank birgt in der Folge die Notwendigkeit von Investitionen für den digitalen und physischen Umbau der Filiale. Zusätzliche Kosten entstehen den Banken durch die Erfordernisse der Finanzmarktreglementierung. Gleichzeitig sinken die Zinserträge aufgrund des historisch niedrigen Zinses und der flachen Zinsstrukturkurve. Das Management der Banken muss somit Antworten finden und Entscheidungen treffen, wo Kosten reduziert und neue Ertragsquellen aufgebaut werden sollen. Die Zinsmarge wird kleiner und die Provisionserträge können durch die Preistransparenz des Internets tendenziell nicht steigen. In dieser Situation muss das Management der Bank auch neue strategische Möglichkeiten prüfen, die bislang nicht im Mittelpunkt standen: Konsolidierung, Fusion von Filialen und Banken, mehr Zentralisierung, konsequente Kundenorientierung und völliger Neuaufbau von Produktbereichen. Es darf keine Denkverbote bei der Prüfung der Nachhaltigkeit des Geschäftsmodells geben. Im folgenden Artikel wird zunächst eine Bestandsaufnahme der Filialentwicklung durchgeführt. Dann wird gezeigt, welche Zugangswege zur Bank die Kunden heute nutzen und auch in Zukunft nutzen wollen. Es werden Perspektiven für die Neugestaltung von Filialen aufgezeigt. Anschließend werden die Themen Omnikanal und Kundenorientierung diskutiert sowie Handlungsempfehlungen für die Filialbank gegeben. Zum Schluss wird ein Ausblick auf das Potenzial von FinTechs gegeben und auf die Konsequenzen für die digitale Filialbank hingewiesen.

2 Entwicklung von Bankfilialen und Kundenzahl

Die Gesamtzahl der Zweigstellen deutscher Banken hat sich von ca. 68.000 im Jahr 1995 auf ca. 34.000 im Jahr 2015 verringert (siehe Abbildung 1). Damit hat sich die Zahl der Bankfilialen in Deutschland in 20 Jahren um rund 50% reduziert. Die Dynamik der Filialschließungen hat jedoch in den letzten zehn Jahren etwas nachgelassen, da es bereits an vielen Orten Schließungen und Zusammenlegungen von Filia-

https://doi.org/10.1515/9783110525748-004

len gegeben hat. Wenn man die Vergangenheitsentwicklung in die Zukunft fortführt und wenn von ca. 1.700 Filialschließungen pro Jahr ausgegangen wird, dann hätten wir in Deutschland im Jahr 2025 noch etwa 17.000 Filialen. Einerseits handelt es sich selbst bei einer Reduzierung der Bankfilialen um 50% in den nächsten zehn Jahren aus der Perspektive einer Direktbank um eine sehr konservative Schätzung; denn mit der Perspektive der mobilen Bank auf dem Smartphone genügen auch noch deutlich weniger Filialen. Andererseits gibt es aber eine natürliche Untergrenze für die Zahl der Filialen, denn zur Aufrechterhaltung des USPs der Filiale wird eine gewisse räumliche Präsenz benötigt, wie wir sie aus dem stationären Einzelhandel kennen. Außerdem wird sich die Gestaltung und Definition der Filiale verändern in Flagship-Filialen, Satelliten-Filialen, Einzelhandels-Konzepte, automatisierte Filialen und womöglich Mini-Filialen mit nur einem Berater.

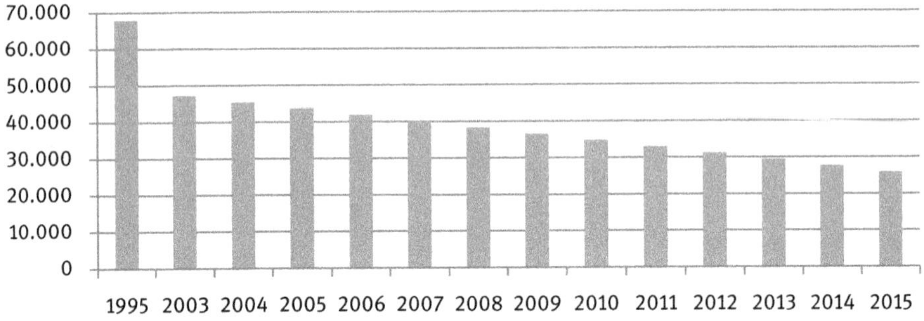

Abb. 1: Entwicklung der Gesamtzahl der Zweigstellen deutscher Banken ab 1995 (inkl. Postbank) (Quelle: Deutsche Bundesbank, 2015; Deutsche Bundesbank, 2016b)

Abbildung 2 zeigt die Entwicklung von Online-Girokonten im Vergleich zur Gesamtzahl der Girokonten von Privatkunden in Deutschland. Mit 56 Millionen im Jahr 2014 waren bereits mehr als die Hälfte aller Girokonten in Deutschland Online-Girokonten. Durch das zunehmende Angebot an kostengünstigen Online-Konten durch Direktbanken wie ING DiBa, DKB, comdirect, Consorsbank, Volkswagen Financial Services oder völlig neue Anbieter wie N26 Bank wird der Anteil der Online-Konten schnell weiter anwachsen.

Die Benutzerfreundlichkeit und Tools beim Smartphone-Banking werden immer besser und die Kontowechselmöglichkeiten komfortabler. Gleichzeitig werden die manuellen Transaktionen in der Bankfiliale relativ teuer. Im Trend führt dies langfristig zu einer fast völligen Digitalisierung des Angebots von Girokonten – auch bei den Filialbanken. Die Verbraucher nutzen die Filiale dann nur noch für die persönliche Beratung und Transaktionen mit großem Volumen.

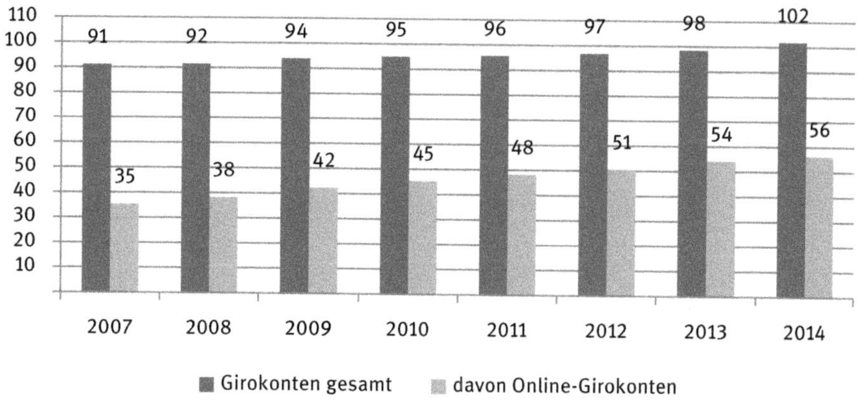

Abb. 2: Entwicklung der bestehenden Girokonten und Online-Girokonten in Mio. (Quelle: Deutsche Bundesbank, 2016a, S. 8)

Die Kunden einer Bank nutzen eine Vielzahl von Zugangskanälen. Der direkte Zugang über die Website oder das Telefon hat den Erfolg der Direktbanken möglich gemacht. Wie Abbildung 3 veranschaulicht, sind die Kundenzahlen der Direktbanken in Deutschland kontinuierlich und relativ einheitlich gewachsen. Das Direktbankgeschäftsmodell ist intakt und funktioniert nun schon seit Mitte der 1990er-Jahre erfolgreich.

Beispielhaft zeigen die wachsenden Kundenzahlen von ING DiBa, DKB und comdirect die Akzeptanz des direkten Zugangskanals zur Bank beim Verbraucher. Tendenziell sind die Gebühren für die Direktbank-Kunden niedriger als in der Filiale, dem Konsumenten genügt offensichtlich der Kontakt über Telefon und Internet – eine Filiale benötigt er nicht. Aus Sicht der Direktbanken benötigt der Verbraucher überhaupt keine Filialen, da er alle Geschäfte online abwickeln kann. Theoretisch ist dies zwar möglich, aber noch sehen die Kundenwünsche anders aus, was im Verlauf dieses Aufsatzes noch diskutiert wird.

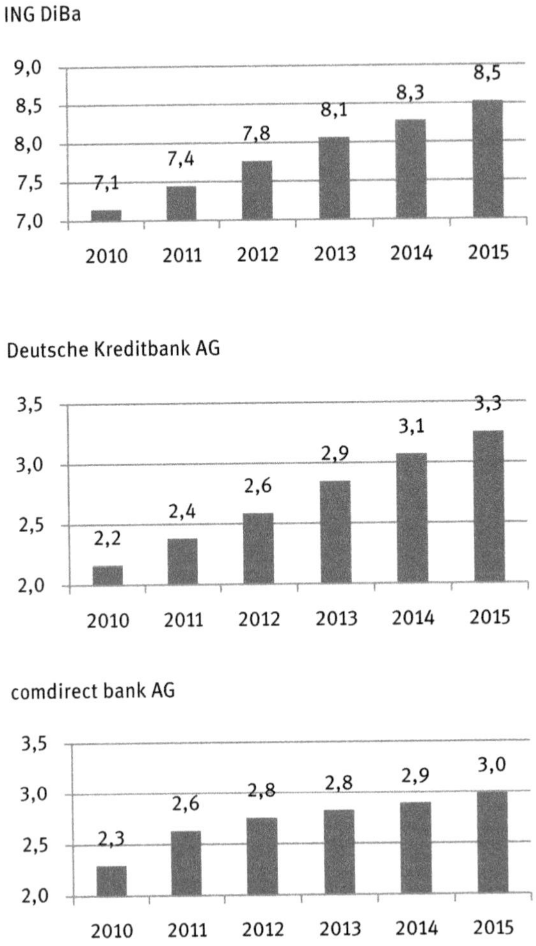

Abb. 3: Entwicklung: Kundenzahlen von Direktbanken in Deutschland in Mio. (Quelle: ING DiBa, 2012, 2014, 2016; DKB AG, 2011, 2012, 2013, 2015, 2016; comdirect bank AG, 2013, 2014, 2015, 2016)

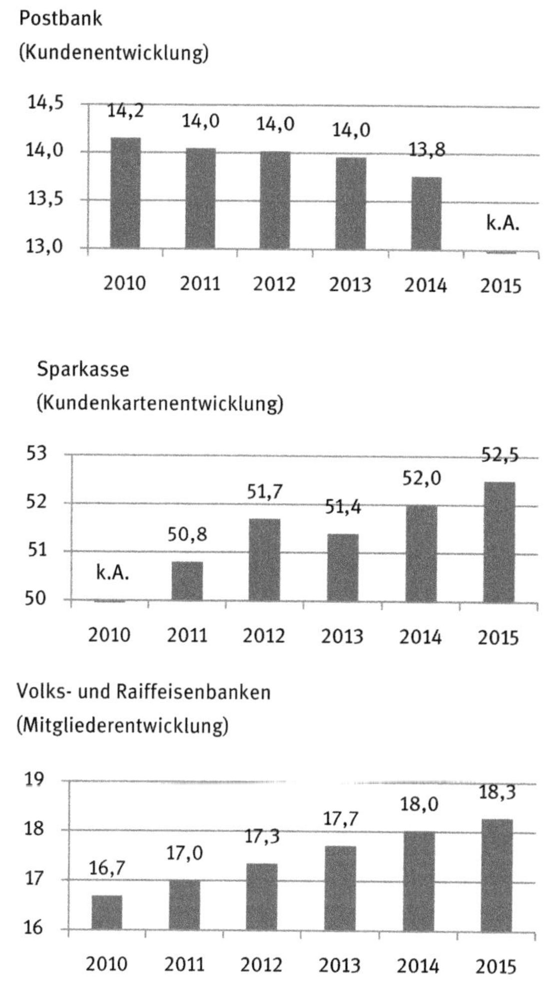

Abb. 4: Kundenentwicklung bei Privatbanken, Sparkassen und VR-Banken in Mio. (Quelle: Deutsche Bank, 2010, 2011, 2012, 2013, 2014; BVR, 2016; DSGV, 2012, 2013, 2014, 2015)

Bei den Filialbanken sieht das Bild im Vergleich zu den Direktbanken sehr uneinheitlich aus – einige Privatbanken verlieren Kunden und andere Kreditinstitute gewinnen Kunden hinzu. Abbildung 4 zeigt eine kontinuierliche Reduzierung der Kundenzahl bei der Postbank, wobei kritisch analysiert werden muss, welcher Teil aus geschäftspolitischen Gründen aktiv ausgesteuert wird und welchen Teil die Bank ungewollt verliert. Bei den Volksbanken und Raiffeisenbanken zeigt sich von 2010 bis 2015 ein kontinuierlicher Anstieg der Mitgliederzahlen von 16,7 Millionen auf 18,3 Millionen. Auch bei den Sparkassen hat man im Jahr 2015 mit 52,2 Millionen Kundenkarten einen historischen Rekord erreicht. Festzustellen bleibt die Erkenntnis, dass immer mehr Verbraucher bereit sind, Ihre Finanzangelegenheiten mit Banken ohne Filialen zu erledigen. Nichtsdestotrotz nutzen nur relativ wenige Verbraucher die Direktbank als Erstbankverbindung, denn auch die Kundenzahlen bei den Sparkassen und Genossenschaftsbanken steigen an. Bankkunden nutzen zunehmend mehrere Bankzugangskanäle und mehrere Bankverbindungen. Für die zukünftige Ausrichtung des Geschäftsmodells von Filialbanken ist es also wichtig abzuschätzen, welche Bankzugangskanäle in der Zukunft relevant sind und inwiefern die Filiale ein zwingender Bestandteil für den Kundenzugang bleiben wird.

3 Nutzung von Bankzugangskanälen

Viele Entwicklungen bei Geschäftsmodellen im Bankgeschäft und in der Digitalisierung haben ihren Ursprung in den USA. Daher wird in der Folge u.a. auf Erfahrungswerte in den USA eingegangen, um das Verhalten der Kunden bei den Zugangswegen der Gegenwart zu verstehen und mögliche Konsequenzen für die Zukunft abzuleiten. Abbildung 5 zeigt die Ergebnisse einer Untersuchung der Federal Reserve aus dem Jahre 2015 über die Nutzung von Bankzugangskanälen in den USA. Der von den meisten Verbrauchern genutzte Weg der Interaktion mit einer Bank ist noch immer der persönliche Kontakt in der Filiale. 87% der Verbraucher in den USA, die ein Bankkonto haben, sagen, dass sie in den letzten 12 Monaten vor der Umfrage eine Filiale besucht haben und dort persönlich mit einem Mitarbeiter gesprochen haben (Federal Reverse, 2015, S. 9).

Die Bankautomaten werden von 75% der befragten Personen genutzt, gefolgt vom Onlinebanking, das 74% der befragten Personen nutzen. Ein Drittel alle Verbraucher mit Bankkonten nutzt Telefonbanking. Mobile-Banking zeigt Potenzial, hat die stärksten Wachstumsraten und lag in der Studie im Jahr 2014 noch bei 35%. Im Jahr 2016 sollte Mobile-Banking als Kundenzugang in den USA bei ca. 40% bis 45% der Bankkunden liegen, wenn man ähnliche Wachstumsraten wie in den Vorjahren unterstellt.

Die wesentlichen Gründe für die Nutzung der Filiale in den USA sind der persönliche Ansprechpartner für eventuell auftretende ernsthafte Probleme mit dem Konto, die persönliche Unterstützung und Beratung, die Nutzung für große Transaktionen bei Überweisung, Geldanlage, Finanzierung und die Eröffnung neuer Konten. Die Nutzer von Mobile-Banking verwenden den mobilen Kanal zur Bank normalerweise sehr häufig, aber das bedeutet nicht, dass sie andere Bankzugangskanäle meiden oder nicht mehr benötigen. Grundsätzlich verwenden Mobile-Banking-Nutzer mehrere Bankkanäle für ihr Bankgeschäft, wobei eine Studie der Federal Reserve davon ausgeht, dass ca. 82% sogar vier oder fünf Bankzugangskanäle nutzen; nur 2% der Mobile-Banking-User würden nur einen oder zwei Bankzugangskanäle nutzen. Abbildung 6 zeigt, dass ca. 95% der Mobile-Banking-User in den letzten 12 Monaten vor der Umfrage auch Onlinebanking genutzt haben; 92% der Mobile-Banking-User nutzen die Geldautomaten, 85% haben eine Filiale besucht sowie mit einem Mitarbeiter gesprochen und 36% nutzen auch Telefonbanking (Federal Reverse, 2015, S. 11).

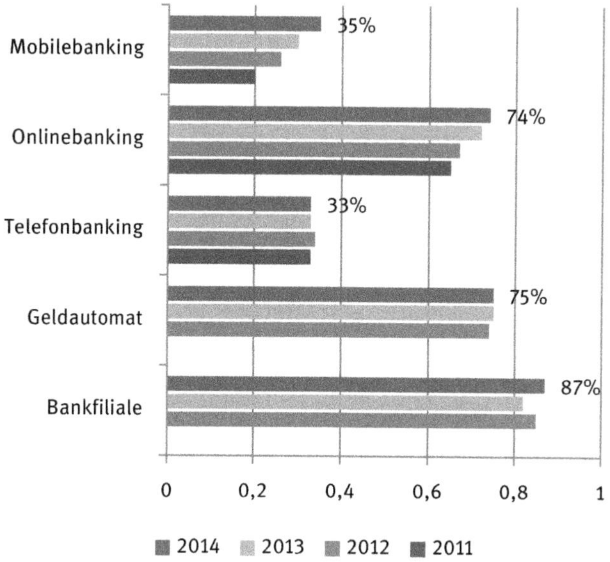

Abb. 5: Nutzung von Bankzugangskanälen durch Privatkunden in den USA, 2011-2014 (Quelle: Federal Reserve, 2015, S. 9)

Die Untersuchung über Bankzugangskanäle in der Publikation der Federal Reserve zum Thema Verbraucher und deren Nutzung von Finanzdienstleistungen mit den Smartphone wurde über vier Jahren durchgeführt. Jedes Jahr zeigt die Untersuchung, dass die Wahrscheinlichkeit der Nutzung von Mobile-Banking durch ältere Verbraucher geringer ist als die bei jungen Verbrauchern. Bezogen auf eine Zielgruppe, die ein Smartphone und ein Bankkonto haben, zeigt sich im Jahr 2014, dass ca. 60% der Bankkunden in der der Altersgruppe 18–29 Jahre Mobile-Banking nutzen und 54% in der Altersgruppe 30–44 Jahre. Im Vergleich dazu nutzen nur 13% der Bankkunden über 60 Jahre Mobile-Banking. Dennoch nimmt die Nutzung von Mobile-Banking aber von Jahr zu Jahr in allen Altersgruppen zu (Federal Reverse, 2015, S. 12).

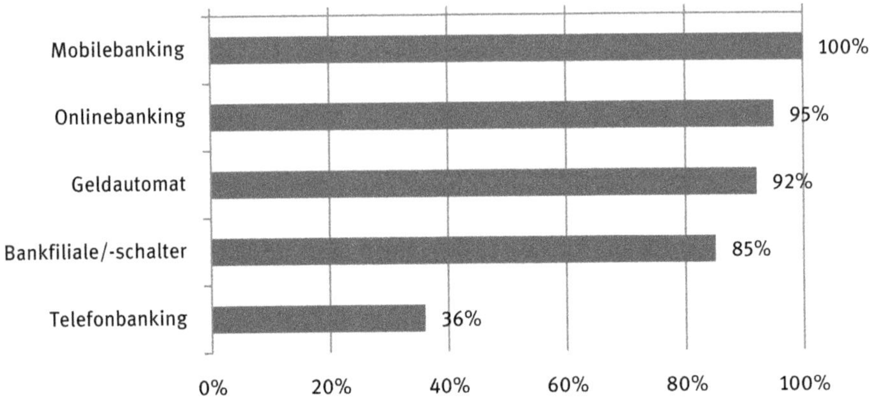

Abb. 6: Bankkanalnutzung von Mobilebanking-Kunden in den USA im Jahr 2014 (Quelle: Federal Reserve, 2015, S. 11)

Die Nutzungszahlen von Bankzugangskanälen in den USA unterscheiden sich nicht wesentlich von den Wünschen der Bankkunden in Deutschland. Auch hier bleibt die Filiale die Hauptanlaufstelle, wenn es darum geht, sich ausführliche Informationen für eine wichtige und finale Finanzentscheidung zu holen, auch wenn vorher Informationen im Internet eingeholt werden. Nur 61% der Kunden einer Direktbank betrachten die Filiale als wesentliche Anlaufstelle für wichtige Informationen; bei den Kunden der öffentlich-rechtlichen Institute und der Genossenschaftsbanken sind es beachtliche 88%. Selbst bei den Digital Natives (18–34 Jahre) wird die Filiale von 87% der Befragten als wichtige Anlaufstelle für anspruchsvolle Informationen angesehen und landet damit noch vor dem Internet (Deutsche Postbank AG, 2015).

Eine Studie zur britischen Bank TSB zeigt, dass im Jahr 2014 ca. 88% aller Bankkonten in Großbritannien in der Filiale eröffnet wurden; 85% aller Immobilienkredite und 71% aller Konsumentenkredite wurden in der Filiale abgeschlossen (TSB Bank 2014) . Die Nutzung des Online-Zugangs durch die Kunden stagnierte in den letzten drei Jahren in Großbritannien bei ca. 80% und die Nutzung der Filiale stabilisierte sich auf niedrigerem Niveau. Dies könnte ein Zeichen sein, dass viele Verbraucher auch in der Zukunft nicht völlig auf die Filiale verzichten möchten, sondern einen persönlichen Kontakt vor Ort suchen. Ein weiterer Rückgang der Filialzahlen in Deutschland ist also wahrscheinlich, aber gleichzeitig gibt es gewisse Untergrenze der Filialzahl, damit der Komfort des Kundenzugangs nicht leidet.

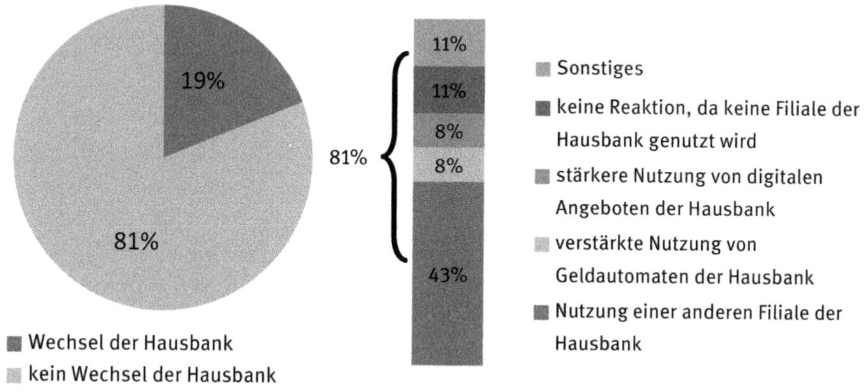

Abb. 7: Kundenreaktion bei Schließung einer Filiale (Quelle: Accenture, 2015, S. 4)

Interessant ist die Frage, wie Kunden reagieren, wenn die Filiale der Hausbank in der Nähe schließt (siehe Abbildung 7). Einerseits zeigen die Kunden zunächst eine große Loyalität gegenüber der Hausbank, denn 81% würden deswegen noch nicht die Hausbank wechseln. 43% der Befragten würden eine andere Filiale der Hausbank nutzen; andere 8% würden verstärkt die Geldautomaten der Hausbank nutzen; weitere 8% würden die digitalen Angebote der Hausbank stärker nutzen und 11% würden nicht reagieren, da sie auch heute keine Filiale der Hausbank nutzen. 19% der Befragten würden die Hausbank wechseln. Aber es stellt sich die Frage, wie sich die 43% der Befragten verhalten, die gerne in eine andere Filiale der Hausbank wechseln möchten, wenn die Hausbank keine Filiale mehr in der Nähe hat. Vermutlich würde dann auch ein Teil dieser 43% der Kunden zu einer anderen Filialbank abwandern. Bei der Frage der Filialschließung geht es also auch darum, dass die verbleibenden Filialen immer noch in einer gewissen räumlichen Nähe beim Kunden sind; die maximal akzeptable Distanz für den Verbraucher ist vergleichbar mit dem Weg zum nächsten Allgemeinarzt und Facharzt, abhängig vom individuellen Finanzgebaren.

4 Neukonzeption von Bankfilialen

Entscheidend bei den Filialbanken ist aber nicht nur das sehr gute Angebot im Internet, sondern auch die konsequente Neukonzeption der Filialwelt. Das Management einer Filialbank darf sich nicht nur auf die erfolgreiche Umsetzung von digitalen Kundenzugangskanälen konzentrieren, sondern muss auch die Filialwelt und die persönliche Kundenberatung komplett erneuern, um den USP der Filiale nicht zu verspielen. In den städtischen Zentren wird es daher Filialen geben, die teilweise als sogenannte Flagship-Filialen ausgebaut sind oder zumindest schnell eine große Zahl an Kunden bedienen können. Diese Vorzeigefilialen erinnern dann in ihrer Gestaltung mehr an Cafés oder „schöne Lounges". Die Filialen werden einerseits effiziente Selbstbedienungsbereiche haben, andererseits wird es Flächen mit persönlichen Beratern geben, die anspruchsvolle Produkte verkaufen bzw. zu diesen Produkten beraten.

Solche Filialen wird man dort finden, wo sehr viele Menschen unterwegs sind, beispielsweise in den Fußgängerzonen. Die Preise für Finanzdienstleistungen werden sich im mittleren Preissegment bewegen, da Discountpreise über das Internet und Premiumpreise individuell angeboten werden. Ebenso wird es Filialen in der Nähe von Transportzentren wie Bahnhöfen geben. Wichtig ist, dass diese Filialen dann auch noch am Abend und an den Wochenenden geöffnet sind. In den Filialen finden sich interaktive Bildschirme, die eine einfache Zuschaltung von Experten aus z.B. der Flagship-Filiale ermöglichen.

In der Fläche werden die Filialen sich mehr den Einzelhandelskonzepten anpassen und den Tätigkeitsschwerpunkt auf die Beratung konzentrieren. Dagegen werden die oft wiederkehrenden Transaktionen zunehmend digitalisiert und ansonsten über Call-Center, Video-Chat oder Co-Browsing abgewickelt. Das Kundenerlebnis soll durch die interaktiven Anwendungsmöglichkeiten aufgewertet werden und gleichzeitig soll durch den persönlichen Berater das Vertrauen in die Filialbank gestärkt werden. Um das Kundenerlebnis zu steigern, sollen die Bedürfnisse des Kunden besser in den Mittelpunkt gestellt werden. Das bedeutet, dass die Filiale nicht erst aktiv wird, wenn der Bankkunde das Haus gefunden hat, sondern schon bei der Immobiliensuche beteiligt ist. Der USP der Filialbanken liegt daher nicht in der isolierten Digitalisierung und dem isolierten Angebot in der Filiale, sondern im geschickten Zusammenspiel von Online- und Offline-Angebot (Vater/Bergmann, 2015, S. 27f.). Wichtig ist es für Filialbanken, den persönlichen Kundenberater in den Mittelpunkt eines über verschiedene Kundenzugangskanäle vernetzten Angebots zu stellen, da nur hier der Wettbewerbsvorteil gegenüber der Direktbank liegt.

5 Omnikanal-Strategie und Kundenorientierung

Für die Umsetzung einer Omnikanal-Strategie – also die datentechnische Verbindung der einzelnen Bankzugangskanäle miteinander – müssen die Banken zunächst investieren und schwächen hierdurch kurzfristig ihre Eigenkapitalrendite. Mittelfristig führt jedoch an einer konsequenten Digitalisierungsstrategie kein Weg vorbei. Alle Filialbanken werden Omnikanal- beziehungsweise Omni-Channel-Banking anbieten, um auch in der Zukunft eine Existenzberechtigung zu haben. Statt von Omnikanal könnte man auch von einer Vernetzung der Bankzugangskanäle sprechen, wobei der Kunde bestimmt, welcher Zugangskanal für ihn Priorität besitzt. Es müssen nicht alle Bankzugangskanäle die gleiche Bedeutung bekommen.

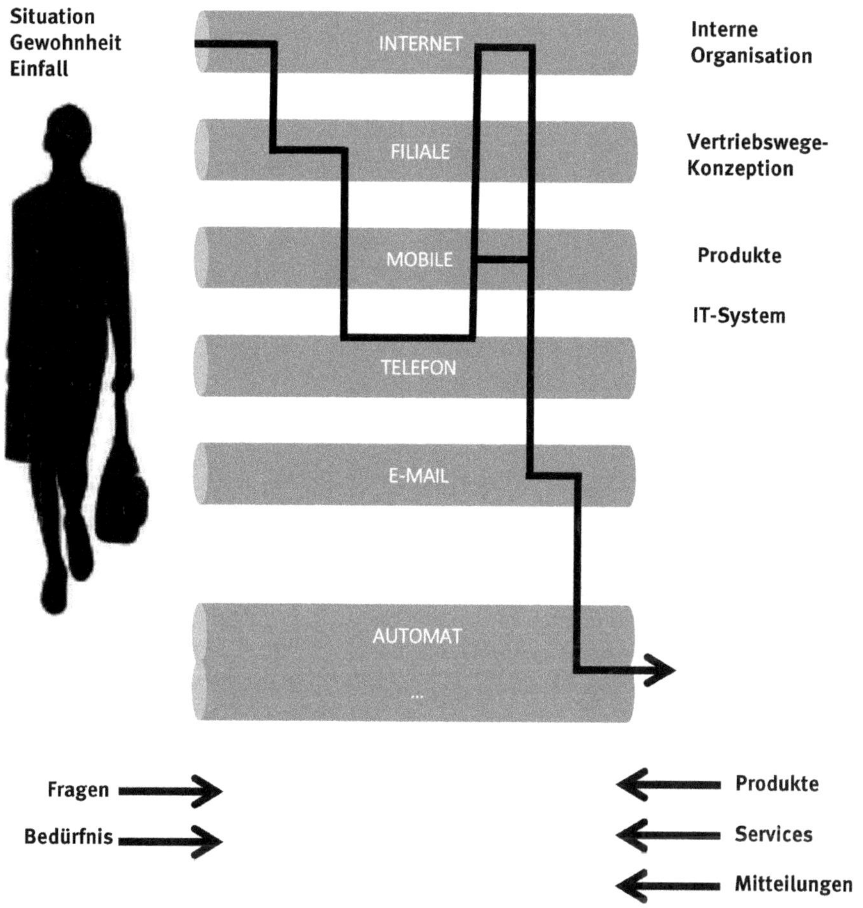

Abb. 8: Omnikanal-Banking (Quelle: eigene Darstellung)

In der traditionellen Welt des Multikanal- oder Multi-Channel-Bankings sind die Zugangskanäle separiert, denn der Kunde springt selten von Kanal zu Kanal. Die Bank steuert die Kanalnutzung. Die Produktentwicklung findet noch separat für unterschiedliche Vertriebskanäle statt; die Filialbereiche beanspruchen „ihre" Kunden für sich und wollen damit auch die vollständige Anrechnung des Deckungsbeitrages für die der Filiale zugeschlüsselten Kunden. Diese Profit-Center-Konzeption im Multikanal-Banking ist jedoch praxisfern, da die Leistungen der anderen Kanäle bei der Information, Vertragsanbahnung und beim Abschluss ignoriert werden. Die anderen Touch Points für den Kunden wie Internet, Mobile oder Telefon sind keineswegs nur Cost Center sondern integrierte Bestandteil des Verkaufserfolges sowie der Wertschöpfung.

In der Welt des Omnikanal-Banking von Abbildung 8 erwartet der Kunde Kanalunabhängigkeit, Kanalintegration, Datenintegration, Individualisierung und Standardisierung der Prozesse. Es ist nicht mehr die Bank, die den Kanal steuert, sondern der Kunde. In der Folge muss sich die Bank weg von der traditionellen Vertriebskanalfokussierung und hin zu mehr Kundenfokussierung entwickeln. Der Kunde will sich bei seinem Kontakt mit der Bank nicht nach der internen Organisation der Bank richten und nicht nach der internen Vertriebswegekonzeption. Die Kunden kontaktieren die Bank in einem bestimmten Zugangsweg aufgrund ihrer Gewohnheiten, weil sie es so gelernt haben. Wenn der Kunde nun neue Zugangswege wie Social Media oder Mobile-Banking lernt, dann wird er sich daran gewöhnen und auch diese neuen Wege für den Bankzugang nutzen.

Der Kunde nutzt beispielsweise die Website der Bank, er besucht die Filiale, er ruft bei der Bank an und nutzt sein Mobile-Banking. Eventuell sieht der User eine Anzeige auf Facebook, gelangt über den Link zur Website der Bank, beginnt dort eine Antragsstrecke, bricht dann aber ab und geht am nächsten Tag in die Filiale. Omnikanal-Banking und Kundenorientierung bedeuten, dass der Filialmitarbeiter über den eben beschriebenen Weg des Kunden informiert ist und die vom Kunden schon generierten Daten in der Filiale oder am Telefon jederzeit verwenden kann. Der Kunde muss seine Daten nicht mehrmals eingeben, sondern die Bank nutzt die Userdaten über alle Kanäle hinweg. Und die Kunden können sich je nach Situation oder Gewohnheit für einen bestimmten Kanal entscheiden. Die Bank muss daher zunächst alle Prozesse in und zwischen den Kundenkanälen kritisch hinsichtlich Kundenorientierung prüfen. Anschließend muss entschieden werden, wie die kanalübergreifende Omnikanal-Strategie mit überschaubaren Kosten und möglichst hohem Nutzen umzusetzen ist. Nicht jeder Kunde benötigt jeden Kanal und nicht jeder Kanal wird in der gleichen Intensität genutzt werden. Die Analyse des Kundenverhaltens erfordert zunächst Zeit und Aufwand. Aber nur mit dem Wissen über das Kundenverhalten und die Kundenwünsche kann die Omnikanal-Strategie die hohen Potenziale bei Produktvertrieb, Produktberatung und Transaktionsabschluss nutzen.

Der Kunde erlernt im Internet auf Nichtbankenwebsites bestimmte Gewohnheiten. Und diese Gewohnheiten wird er dann auch im Bankgeschäft anwenden, d.h. das Internet schafft den Standard für die Orientierung des Kunden. Und das Internet sowie das dort erlernte Kundenverhalten bzw. die Kundenorientierung bestimmt den Standard für die Vertriebswegekonzeption der Bank. Omnikanal-Kompetenz ist nur ein wichtiger Punkt in der zukünftigen Strategie – ebenso müssen die Kundenerwartungen hinsichtlich des Designs der Filiale, der persönlichen Beratung vor Ort und des Produktangebots befriedigt werden.

Die Bank muss auf das veränderte Kundenverhalten aktiv reagieren und sich kundenorientiert aufstellen. Das Internet erleichtert den Vergleich von Bankdienstleistungen. Hierdurch werden die Kunden aufgeklärter sowie kritischer gegenüber der Bankberatung und den Bankangeboten generell. Statt einen Zugangskanal fordern die Kunden von der Bank nun mehrere Zugangskanäle. Statt auf den Bankberater zu hören, vertrauen die Kunden den Empfehlungen von Freunden. Dementsprechend muss sich auch die Bank an dieses neue Kundenverhalten anpassen.

Die Abbildung 9 zeigt, dass den Verbrauchern beim Onlinebanking in erster Linie Sicherheit und Datenschutz wichtig sind. Das Preis-Leistungs-Verhältnis, die Verfügbarkeit rund um die Uhr und die Schnelligkeit stehen an zweiter Stelle gefolgt von der Bequemlichkeit. Und erst an dritter Stelle sind für die Online-Kunden das Serviceangebot, die Informationen und die Produktpalette entscheidend. Sicherheit und Datenschutz sind somit Hygienefaktoren, die jeder Kunde von seiner Bank erwartet – ob online oder offline. Danach erfolgt die Differenzierung über zum Beispiel den Preis, die Schnelligkeit der Prozesse und die Benutzerfreundlichkeit des Angebots.

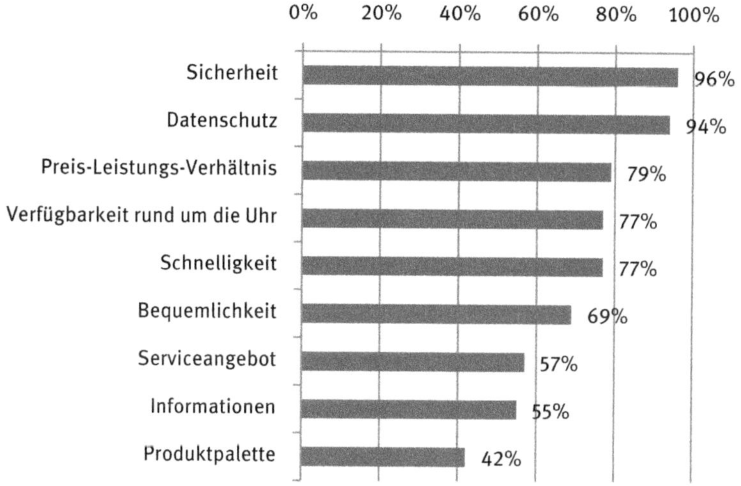

Abb. 9: Das ist Kunden beim Onlinebanking wichtig (Quelle: D21/TNS Infratest, 2014, S. 5)

6 FinTechs, Online-Plattformen und Robo Advice

Die Digitalisierung gehört neben Klimawandel, Individualisierung, Gesundheit und Vorsorge oder Zugang zu Information zu den weltweiten Trends. Innovation oder digitale Anpassung sind daher für das Überleben des Geschäftsmodells von Filialbanken sehr wichtig. Auch wenn die aktuellen Geschäftsvolumina von technologiegetriebenen Anbietern von Finanzdienstleistungen noch gering sind, dürfen die FinTechs nicht ignoriert werden. Es bleibt für die Filialbank nur wenig Zeit, um sich den Angeboten der FinTechs anzupassen. Der Erfolg von PayPal hat bewiesen, wie schnell Teile der Bankerträge an neue Anbieter abgegeben werden müssen und wie schwer es ist, mit Eigenentwicklungen wie paydirekt, den Innovator einzuholen. Die Filialbanken können von den FinTech-Innovationen profitieren, wenn sie diese frühzeitig und konsequent im eigenen Haus adaptieren oder mit den FinTechs kooperieren.

Ein neuer digitaler Trend ist, dass Softwareprovider Plattformen zur Verfügung stellen, auf denen Inhalte Dritter angeboten werden. Eine solche Plattform ist z.B. Uber. Uber besitzt keine eigenen Fahrzeuge, ist aber der weltweit größte Anbieter für Taxidienstleistungen bzw. Individualtransportdienstleistungen. AirBnB ist der weltgrößte Anbieter für private Übernachtungsmöglichkeiten und besitzt selbst keine Immobilie. Facebook ist der weltgrößte Eigentümer von Medieninhalten, produziert aber selbst keinen Inhalt. Allen Angeboten gemeinsam ist ein Plattformcharakter von neuen Software-Anbietern. Diese Plattformen haben disruptiven Charakter für die traditionellen Anbieter. Disruptiv bedeutet, dass sie zumindest einen Teil der Altanbieter ersetzen und aus dem Wettbewerb drängen. Die Frage ist nun, ob auch Finanzdienstleistungen auf solchen neuen Plattformen gehandelt werden können. Dies hätte dann in der Tat auch disruptiven Charakter für die Bankenbranche.

Einige Banken versuchen derzeit, selbst Plattformen zu entwickeln, bei denen die APIs für Drittanbieter offen sind. Interessant daran wäre, dass die Bank einerseits die Abwicklungsplattform zur Verfügung stellt, und zwar inklusive IT, Datenverwaltung, Abrechnungsmodalitäten und Regulierungsumgebung. Andererseits könnten dann zahlreiche kleinere FinTechs, die nahe an der Kundenschnittstelle sitzen, die Plattform der Bank nutzen. Hier müssen die Rechtsabteilungen sicherlich noch viele Fragen lösen, da es einen großen Unterschied ausmacht, ob eine private Übernachtungsmöglichkeit vermarktet wird oder eine regulierungspflichtige Finanzdienstleistung. Aber der Weg der Plattformen wird in der Zukunft auch im Bankgeschäft an Bedeutung gewinnen.

Viele FinTechs bieten digitale Lösungen für Teile der Wertschöpfungskette von Banken an. Zwar ist es unbestritten, dass sehr viele FinTechs – finanziert ohne oder mit Wagniskapital – langfristig den Markt wieder verlassen werden. Aber es ist auch unbestritten, dass von vielen Tausend FinTechs immer noch genug neue Anbieter erfolgreich im Markt bleiben werden und damit die Erträge der traditionellen Banken reduzieren. Gerade aufgrund der Skalierbarkeit des Geschäftsmodells von FinTechs sind schon wenige erfolgreiche Anbieter eine Gefahr für die traditionellen Banken.

FinTechs haben gegenüber den Banken Vorteile. Sie folgen dem globalen Trend der Digitalisierung. Sie können sich auf den Kunden fokussieren und müssen nicht einen Großteil ihrer Zeit mit den Regulierungsvorschriften verbringen. FinTechs können mit Wagniskapital finanziert zunächst 100% kundenorientiert entwickeln und auftreten; sie sind nicht von kurzfristig am Gewinn gemessenen Erfolgen abhängig. Daher sollten FinTechs von Banken als Enabler angesehen werden. Die digitale Filialbank sollte entweder mit FinTechs kooperieren oder in Teilen selbst zum FinTech werden. Innovationsprozesse sind jedoch in der Praxis für kleine, flexible und junge Unternehmen einfacher als für etablierte, traditionelle Banken; daher ist die enge Kooperation mit innovativen Start-up-Unternehmen eine wichtige strategische Option für Filialbanken.

FinTechs konzentrieren sich auf die Bereiche Zahlungsverkehr, Geldanlage, Finanzierung, Vermögensverwaltung oder Services wie Video-Identifikation oder Kontowechsel. Sie entwickeln Angebot für Privatkunden und Firmenkunden. Im Finanzierungsbereich agieren Unternehmen wie Lending Club, Kreditech, Auxmoney oder Start-ups wie Peermatch speziell in der Immobilienfinanzierung. FinTechs orientieren sich sehr stark am Kundennutzen und die digitale Filialbank wird sich in der Zukunft auch wesentlich an den Kundenwünsche orientieren. FinTechs sind daher wichtige Ideengeber für die Filialbanken zur Transformation und Anpassung des Geschäftsmodells.

Ein Tätigkeitsfeld von FinTechs sind die sogenannten Robo Advisors. Die Idee kommt aus den USA und hat zwei bis drei Jahre Vorsprung gegenüber Deutschland. Die bekanntesten Robo Advisors in den USA sind Wealthfront und Betterment mit Sitz in Kalifornien und New York. Die Unternehmen haben mehr als 100 Millionen USD an Venture Capital eingesammelt und arbeiten sehr orientiert am Kundennutzen, da sie lediglich 20–30 Basispunkte als Verwaltungsgebühr vom Kundenvermögen nehmen. Die Robo Advisors legen das Geld breit gestreut in kostengünstige ETFs in verschiedenen Assetklassen an. Das Geschäftsmodell ist skalierbar und kann weltweit ausgerollt werden. Ein starkes Wachstum von 30–50% pro Jahr ist notwendig, um die Ziele der Eigenkapitalinvestoren zu erreichen (Betterment, 2016; Wealthfront, 2016).

Neben Betterment und Wealthfront gibt es in den USA noch viele weitere Anbieter im Bereich Robo Advice wie Future Advisor, Wise Banya, SigFig, Asset Builder, Market Riders, QuickVest, Jemstep, Acorns, Robinhood oder Motif Investing. In Deutschland haben sich seit 2014 auch zahlreiche Start-up-Unternehmen dem Thema Robo Advice angenommen. Hier gibt es Unternehmen, die dem Anleger auf der Website einen automatisierten Anlagevorschlag bieten und gleichzeitig die Umsetzung des Wertpapierkaufs sowie die Vermögensverwaltung übernehmen. Beispiele sind Easyfolio, Fintego, Ginmon, Growney, Scalable Capital, Vaamo, Visualvest oder Whitebox. Diese Unternehmen leben von der Verwaltungsgebühr für das angelegte Unternehmen von bis zu einem Prozent pro Jahr oder partizipieren an einer Performance Fee. Daneben gibt es auch Anbieter von Robo Advice, die eine kostenlose Unterstützung für die Anlageentscheidung anbieten, aber der Privatanleger entscheidet letzten Endes selbst über seine Geldanlage und setzt seine Entscheidung eigenständig um, wie bei JustETF, moneyFilter oder den Anlageassistenten bzw. Anlageplanern von comdirect, Consorsbank, Maxblue und Targobank.

Die Lösungen der Robo Advisors erscheinen ähnlich, aber sie sind im Detail sehr unterschiedlich. Es gibt Anbieter mit einem aktiven und passiven Portfoliomanagement. Bei den Anlageprodukten gibt es zwar mehrheitlich ETFs, aber es werden auch aktiv verwaltete Investmentfonds angeboten. Bei den laufenden Kosten ergeben sich sehr große Unterschiede zwischen den Anbietern – es reicht von kostenlos bis zu einer Jahresgebühr, die auch bei traditionellen Vermögensverwaltern nicht höher sein muss. Für die Anlagestrategie nutzen manche Anbieter die moderne Portfoliotheorie und begründen auf den Websites ausführlich ihre Aufteilung der Assetklassen z.B. über das Minimum-Varianz Modell. Andere Anbieter sind weniger transparent, was die Aufteilung des Portfolios in Vermögensklassen betrifft.

Ein Großteil der Robo Advisors geht wie Eugene Fama von effizienten Märkten aus und setzt daher bei den Anlageprodukten auf ETFs. Bei den Anlageklassen sind manche Anbieter limitiert auf Aktien und Bonds etablierter Märkte; andere Anbieter können auch Emerging Markets, Immobilien und Rohstoffe oder Gold anbieten, um eine möglichst breite Streuung für den Anleger zu ermöglichen. Die User der Robo-Advice-Websites durchlaufen oft einen Fragenkatalog und werden dann über einen Algorithmus einer bestimmte Risiko- oder Renditeklasse zugeordnet.

Es wird in Deutschland noch einige Jahre dauern, bis die Bankkunden die Robo Advisors akzeptieren und bis die verwalteten Volumina relevante Größen in Milliardenhöhe erreichen wie bei Wealthfront oder Betterment in den USA. Daher können die Banken durch Kooperation mit Start-up-Robo-Advisors oder durch die Eigenentwicklung noch rechtzeitig in diesen langfristig wachsenden Markt einsteigen. Die Robo-Advice-Anbieter stehen für eine spezifische FinTech-Ausrichtung im Bereich der Geldanlage und sind daher mittelfristig eine Konkurrenz oder sogar disruptiv für die traditionelle persönliche Anlageberatung. Robo Advice greift direkt das aktuelle Geschäft der Anlageberatung bei kleinerem und mittlerem Anlagevolumen in der Filiale an; aber selbst institutionelle Anleger werden genau prüfen, für welche Dienstleistung sie teuer einen persönlichen Berater bezahlen sollen, wenn es auch kostengünstiger über die Maschine geht. Durch die zunehmende Regulierung ist die persönliche Anlageberatung für die Filialbanken mit hohen Kosten und Risiken verbunden. Hier könnten Robo Advisor als automatisierte Assistenten für die Filialbank einen Teil der Problemlösung darstellen, da der Anlageroboter den Beratungsprozess effizienter und kostengünstiger gestalten kann. Der persönliche Anlageberater kann von gewissen Aufklärungspflichten befreit werden, wenn die Selbstentscheidungskompetenz des Kunden durch den Robo Advisors gestärkt wird. Als USP steht aber noch ein persönlicher Berater zur Verfügung, der die Kunden im Anlageprozess weiterhin unterstützen kann.

Nicht alle Robo Advisors mit ihren innovativen Geschäftsmodellen können am Markt überleben. Aber einige werden erfolgreiche, eigenständige, neue Wettbewerber für die Bankenwelt bilden, andere automatisierte Anlageberater werden von den Banken übernommen. Eine Eigenentwicklung von neuen Tools dauert in großen Filialbanken aufgrund bürokratischer Hürden oft sehr lange oder die internen Entwicklungskosten sind sehr hoch.

7 Fazit

Mittelfristig werden die meisten Kunden den Zugangsweg zur Bank über Online- und Mobile-Banking nutzen. Aber gleichzeitig wird ein Großteil von ihnen nicht auf eine Filialbank verzichten. Nach wie vor ist für viele Verbraucher die Möglichkeit entscheidend, vor Ort in einen persönlichen Kontakt mit Bankmitarbeitern treten zu können, um schwierige Situationen zu besprechen oder große Transaktionen durchzuführen.

Filialbanken müssen ihre digitalen Zugangswege möglichst benutzerfreundlich gestalten. Hierfür sollten regelmäßig Benchmarkings der eigenen Zugangswege im Vergleich zum Wettbewerb durchgeführt werden. Zu empfehlen ist eine Kundensegmentierung, die unterschiedliche Präferenzen der Verbraucher bei den Bankzugangswegen berücksichtigt. Die konsequente Ausrichtung des Geschäftsmodells der Bank auf Kundenorientierung umfasst die Usability der Zugangswege, die einfachen und schnellen Prozesse für den Kunden sowie die Omnikanal-Kompetenz der Filialbank. Datensilos müssen eliminiert werden. Stattdessen sollten neue Zugangswege wie das Mobile-Banking auch mit anderen Kanälen wie Filialen oder Geldautomaten vernetzt werden. Filialbanken dürfen auf keinen Fall den USP ihres menschlichen Beraters vor Ort vernachlässigen. Auch in Berater und in den persönlichen Kundenkontakt muss investiert werden und nicht nur in die Digitalisierung, da ansonsten der Wettbewerbsvorteil gegenüber Direktbanken wegfällt. Das Vertrauen der Kunden in den persönlichen Berater vor Ort muss zur Differenzierung weiterhin besonders gepflegt werden.

Damit die Banken ihre Ausrichtung auf die Bedürfnisse des Kunden prüfen können, genügt es, wenn sie klare Antworten und Lösungen für die folgenden vier Fragen vorweisen: Richtet sich der Marktauftritt der Bank an den Kundeninteressen aus? Ist die Sichtbarkeit bei Vision der Bank, der Marke und den Prozessen gegeben? Kennt die Bank die konkreten Kundenbedürfnisse und kann sie deren Relevanz einschätzen? Sind alle Kundenberührungspunkte benutzerfreundlich konzipiert und miteinander verknüpft?

FinTechs sollten als Enabler und weniger als Gefahr gesehen werden. Filialbanken können so das innovative Potenzial der jungen Unternehmen für sich nutzen und gleichzeitig an den neuesten Entwicklungen partizipieren. FinTechs können in der Wertschöpfungskette der Banken für die Kostenreduzierung und die Ertragsausweitung genutzt werden. Gleichzeit kann die Bank ihre Position als bewährte Plattform für die IT-Infrastruktur, das Berichtswesen, die Geschäftsabwicklung und die rechtlichen Rahmenbedingungen festigen.

Literatur

Accenture (2014). Accenture's 2014 UK financial services customer survey. URL: http://bit.ly/2vLwOR9 [zuletzt aufgerufen am 06.09.2017].

Accenture (2015). Banking Shaped by the Customer. URL:https://www.accenture.com/us-en/insight-consumer-banking-survey [zuletzt aufgerufen am 06.09.2017].

Betterment (2016). Betterment. URL: https://www.betterment.com/ [zuletzt aufgerufen am 19.10.2016].

Bundesverband der Deutschen Volkbanken und Raiffeisenbanken (BVR) (2016). Jahresbericht 2015. URL: https://www.bvr.de/jahresberichte/2015_jahresbericht_3.html#geschaeftsentwicklung-2015-details-mitglieder-volksbanken-raiffeisenbanken [zuletzt aufgerufen am 19.10.2016].

comdirect bank AG (2016). Finanzbericht 2015. URL https://www.comdirect.de/cms/ueberuns/de/investorrelations/veroeffentlichungen.html [zuletzt aufgerufen am 29.11.2016].

comdirect bank AG (2015). Finanzbericht 2014. URL https://www.comdirect.de/cms/ueberuns/de/investorrelations/veroeffentlichungen.html [zuletzt aufgerufen am 29.11.2016].

comdirect bank AG (2014). Finanzbericht 2013.

comdirect bank AG (2013). Finanzbericht 2012.

D21/TNS Infratest (2014). Online Banking 2014 – Sicherheit zählt.

Deutsche Bank AG (2010). Geschäftsbericht 2010.

Deutsche Bank AG (2011). Geschäftsbericht 2011.

Deutsche Bank AG (2012). Geschäftsbericht 2012. URL https://www.comdirect.de/cms/ueberuns/de/investorrelations/veroeffentlichungen.html [zuletzt aufgerufen am 29.11.2016].

Deutsche Bank AG (2013). Geschäftsbericht 2013. URL https://www.comdirect.de/cms/ueberuns/de/investorrelations/veroeffentlichungen.html [zuletzt aufgerufen am 29.11.2016].

Deutsche Bank AG (2014). Geschäftsbericht 2014. URL https://www.comdirect.de/cms/ueberuns/de/investorrelations/veroeffentlichungen.html [zuletzt aufgerufen am 29.11.2016].

Deutsche Bundesbank (2015). Zahlungsverkehrs und Wertpapierabwicklungsstatistiken in Deutschland.

Deutsche Bundesbank (2016a). Bankstellenbericht 2015. URL https://www.bundesbank.de/Redaktion/DE/Downloads/Aufgaben/Bankenaufsicht/Dokumentationen/bankstellenbericht_2015.html [zuletzt aufgerufen am 29.11.2016].

Deutsche Bundesbank (2016b). Zahlungsverkehrs und Wertpapierabwicklungsstatistiken in Deutschland. URL https://www.bundesbank.de/Navigation/DE/Statistiken/Geld_und_Kapitalmaerkte/Zahlungsverkehr/zahlungsverkehr.html [zuletzt aufgerufen am 29.11.2016].

Deutsche Kreditbank (DKB) AG (2011). Jahresbericht 2010. URL http://dok-cms.dkb.de/pdf/produkte/geschaeftsberichte/gb_2011_hgb.pdf [zuletzt aufgerufen am 29.11.2016].

Deutsche Kreditbank (DKB) AG (2012). Jahresbericht 2011. URL http://dok-cms.dkb.de/pdf/produkte/geschaeftsberichte/gb_2011_jb.pdf [zuletzt aufgerufen am 29.11.2016].

Deutsche Kreditbank (DKB) AG (2013). Jahresbericht 2012. URL http://dok-cms.dkb.de/pdf/produkte/geschaeftsberichte/Jahresbericht_2013.pdf [zuletzt aufgerufen am 29.11.2016].

Deutsche Kreditbank (DKB) AG (2015). Jahresbericht 2014. URL http://dok-cms.dkb.de/pdf/produkte/geschaeftsberichte/Jahresbericht_2014.pdf [zuletzt aufgerufen am 29.11.2016].

Deutsche Kreditbank (DKB) AG (2016). Jahresbericht 2015. URL http://dok-cms.dkb.de/pdf/produkte/geschaeftsberichte/Jahresbericht_2015.pdf [zuletzt aufgerufen am 29.11.2016].

Deutsche Postbank AG (2015). Postbank-Studie: Digitale Deutsche bei Finanzen konservativer als der Bundesdurchschnitt. URL: https://www.postbank.de/postbank/pr_presseinformation_2015_09_10_postbank_studie_digitale_deutsche_bei_finanzen_konservativer_als_der_-bundesdurchschnitt.html [zuletzt aufgerufen am 06.10.2016].

Deutscher Sparkassen- und Giroverband (DSGV) (2012). Geschäftszahlen: Zahlen und Fakten 2012. URL https://www.dsgv.de/_download_gallery/Publikationen/D_DSGV_Geschaefts-zahlen_2012.pdf [zuletzt aufgerufen am 29.11.2016].

Deutscher Sparkassen- und Giroverband (DSGV) (2013). Geschäftszahlen: Zahlen und Fakten 2013. URL https://www.dsgv.de/_download_gallery/Publikationen/DSGV_Geschaeftszah-len_2013_DE.pdf [zuletzt aufgerufen am 29.11.2016].

Deutscher Sparkassen- und Giroverband (DSGV) (2014). Geschäftszahlen: Zahlen und Fakten 2014. URL https://www.dsgv.de/_download_gallery/Publikationen/Kennzahlenflyer_2014_DE.pdf [zuletzt aufgerufen am 29.11.2016].

Deutscher Sparkassen- und Giroverband (DSGV) (2015). Geschäftszahlen: Zahlen und Fakten 2015. URL https://www.dsgv.de/_download_gallery/Publikationen/Kennzahlenflyer_2015_DE.pdf [zuletzt aufgerufen am 29.11.2016].

Federal Reserve (2015). Consumers and Mobile Financial Services 2015. URL https://www.federalreserve.gov/econresdata/consumers-and-mobile-financial-services-report-201503.pdf [zuletzt aufgerufen am 29.11.2016].

ING DiBa (2012). Geschäftsbericht 2011. URL https://www.ing-diba.de/pdf/ueber-uns/.../ing-diba-jahresbericht-2011.pdf [zuletzt aufgerufen am 29.11.2016]

ING DiBa (2014). Geschäftsbericht 2013. URL https://www.ing-diba.de/pdf/ueber-uns/presse/publikationen/ing-diba-jahresbericht-2013.pdf [zuletzt aufgerufen am 29.11.2016].

ING DiBa (2016). Geschäftsbericht 2015. URL https://www.ing-diba.de/pdf/ueber-uns/presse/publikationen/ing-diba-jahresbericht-2015.pdf [zuletzt aufgerufen am 29.11.2016].

TSB Bank (2014). Why branches matter in a digital age. Edinburgh: TSB Bank, plc. URL http://www.tsb.co.uk/media/why-branches-matter-in-a-digital-age.pdf [zuletzt aufgerufen am 29.11.2016].

Vater, D., Bergmann, M. (2015). Die Zukunft gehört dem Omnikanal. Zeitschrift für das gesamte Kreditwesen 6/2015, 289–292.

Wealthfront (2016). Wealthfront. URL: https://www.wealthfront.com/ [zuletzt aufgerufen am 19.10.2016].

Norbert Huber

Im Spannungsfeld zwischen Beratungsqualität und Digitalisierung

Die digitale Genossenschaftsbank

1 Einleitung

„Die Finanzbranche befindet sich in der Krise" – so tönt es seit geraumer Zeit in den Medien. Und natürlich ist es so, dass Einflussfaktoren wie die Regulierung auf europäischer Ebene und vor allem die Auswirkungen der Niedrigzinsphase zu einer stetigen Verschärfung des Wettbewerbs im Finanzsektor führen und damit die Banken vor extreme Herausforderungen auf der Kostenseite und bei der Erschließung neuer Einnahmequellen stellen. Nach Ansicht des Autors befindet sich die Finanzbranche mittelfristig aber in einem Veränderungsprozess, der mit den vorgenannten Auslösern nur bedingt zu tun hat. Vielmehr sind es die Veränderungen der Kundenanforderungen – vor allem der jungen Generation (der zukünftigen Erbengeneration), welche die neuen Möglichkeiten aus dem Digitalisierungsprozess voraussetzen –, die so manches Geschäftsmodell existenziell in Fragen stellen werden. Dabei soll es noch Menschen in verantwortlichen Positionen geben, welche die Meinung (oder vielleicht ist es auch Hoffnung) vertreten, dass „die Sache mit dem Internet" wie jede andere bislang durchgestandene Krise auch vorübergehen wird. Ein Blick über den Tellerrand auf so manch andere Branche sollte deutlich werden lassen, dass sich diese Hoffnung mit großer Wahrscheinlichkeit nicht erfüllen wird. In diesem Beitrag werden die Hintergründe dargelegt, wie sich die genossenschaftliche Bankengruppe strategisch diesen Anforderungen stellt und ob dies aus Sicht des Autors ausreichend ist.

2 Allgemeine Trends rund ums Banking

Bevor in diesem Beitrag auf die besonderen Herausforderungen für Genossenschaftsbanken eingegangen werden soll, sind einige Punkte zu nennen, welche oftmals nicht nachvollziehbar erscheinen und Banken vor ernstzunehmende Probleme stellen.

Getrieben von den Medien herrscht rund um den privaten Zahlungsverkehr nach wie vor die Geiz-ist-geil-Mentalität in Deutschland vor. Die Abwicklung des Zahlungsverkehrs, das Bereitstellen der Bargeldversorgung und alle weiteren Dienstleistungen rund um das Girokonto verursachen immense Kosten – im Allge-

https://doi.org/10.1515/9783110525748-005

meinen erwartet der private Kunde aber nach wie vor das kostenlose Girokonto. Sicherlich haben sich die Banken in der Vergangenheit dieses Problem selbst geschaffen. In Zeiten, als noch gute Erträge aus den Einlagen auf der Passivseite der Bilanz zu erzielen waren, sahen die Banken das Girokonto als Instrument, um beim Kunden den Fuß in die Tür zu bekommen. Diese neue Kundenverbindung sollte dann durch den Absatz weiterer Produkte veredelt werden. Das oftmals kostenfrei angebotene Girokonto war natürlich defizitär – diese Defizite wurden aber eher als Marketingbudget angesehen. Da die Erträge aus der Passivseite der Kreditinstitute aufgrund der Niedrigzinsphase nicht mehr fließen und dadurch die Ertragslage der Banken angespannt ist, sind die Geldhäuser natürlich gezwungen, diese Quersubventionierungen abzuschaffen. Die weiterhin vorhandene Sichtweise der Medien und Kunden, dass diese Dienstleistungen weiterhin kostenfrei zur Verfügung gestellt werden müssen, kann durchaus als dreist bezeichnet werden. Niemand würde auf dem Passamt oder der Zulassungsstelle auf die Idee kommen, die dort geforderten Gebühren zu verhandeln.

Ein weiteres Thema ist die Datensicherheit. Natürlich hat der Schutz der Kundendaten absolute Priorität. Jedoch ist das Verhalten im deutschen Finanzsektor als nahezu pervers zu bezeichnen. In Dokumenten zur IT-Sicherheit werden theoretische Risiken behandelt, welche unter normalen Umständen niemals relevant werden. Wenn man sich die Missbrauchsfälle im Onlinebanking vor Augen führt, kann bei fast jedem Fall festgestellt werden, dass es sich um keine technischen Probleme gehandelt hat, sondern fast immer das menschliche Versagen des Nutzers die Grundlage für den Schaden war. Auch bei den Anforderungen an den Datenschutz gehen Anspruch und Realität der Anwender weit auseinander. Denn während von Banken zu Recht das höchste Maß an Datensicherheit erwartet wird, wird mit der Akzeptanz der AGB zur Nutzung von Internetanwendungen, wie z.B. Facebook, dem Verkauf der eigenen Kundendaten eingewilligt. Da ist es von Nutzern ziemlich naiv, regelmäßig in der eigenen Facebook-Chronik zu posten, dass man mit der Verwertung der eigenen Daten nicht einverstanden ist – wer Facebook nutzt, hat die AGB akzeptiert und damit in die Verwertung der Daten eingewilligt. Wem dies nicht recht ist, der hat nur eine Möglichkeit – abmelden.

Ein weiterer Punkt der noch erwähnt werden sollte, hat wieder mehr mit der Digitalisierung zu tun. Zu jedem Zeitpunkt in der Geschichte hat die Elterngeneration Dinge nicht nachvollziehen können, welche die junge Generation getan hat. Man denke dabei an den Rock-'n'-Roll in den 1950er-Jahren oder die Heavy-Metal-Bewegung in den 1980er-Jahren. Bei beiden Musikstilen sprach die Elterngeneration von Satanismus und Sexismus in der Musik – wenig später galt beides als etabliert. Auch neue technische Möglichkeiten waren für die Generation, welche noch ohne diese Möglichkeiten aufgewachsen waren, meist „Teufelszeug" – wenige Jahre später waren diese technischen Errungenschaften Standard. Genauso erscheinen Diskussionen im Umfeld zu den Themen der Digitalisierung. Ob man es nun gut oder schlecht heißen möchte, wenn kleine Kinder besser mit einem Smartphone umgehen können als deren Großeltern, darf sicherlich diskutiert werden – es ändert aber nichts an der Tatsache, dass die Umsetzung dieser Technologien zu den heute erforderlichen Standards gehören. Und damit schließt sich der Kreis. Solange Vorstände und Führungskräfte aus der Generation der Eltern oder sogar Großeltern nicht verstehen wollen, wie ihre Kinder und Enkel miteinander kommunizieren und dies als schlecht beurteilen, werden sie auch nicht bereit sein, sich auf die Anforderungen der zukünftigen Erbengeneration auszurichten.

3 Aktuelle Rahmenbedingungen und Herausforderungen

3.1 Niedrigzinsphase

Das Zinsniveau im europäischen Raum ist seit über zehn Jahren rückläufig. In Deutschland rentiert die zehnjährige Bundesanleihe seit Mitte des Jahres 2016 sogar im negativen Bereich. Das bedeutet, dass Geldanleger für einen sicheren Schuldner

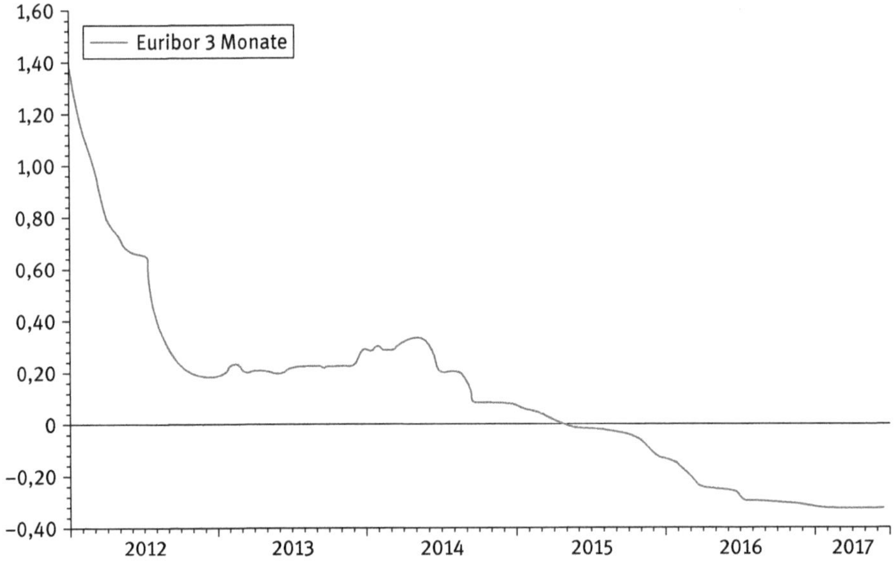

Abb. 1: Euribor 3 Monate (Quelle: Thomson Datastream, 2017)

wie die Bundesrepublik Deutschland keine Verzinsung mehr erhalten, sondern sogar eine „Prämie" bezahlen müssen, um in einen sicheren Schuldner wie die Bundesrepublik Deutschland investieren zu können. Doch dieser langanhaltende Abwärtstrend und die aktuell erreichte Situation haben Auswirkungen auf die Ertragslage der Banken. Während in jeder zurückliegenden Zeit mit den Einlagen der Kunden sehr gute Deckungsbeiträge zu erzielen waren, so ist dies heute nicht mehr möglich. Dies führt zu der außergewöhnlichen Situation, dass Gelder von Großanlegern teilweise nicht mehr angenommen oder mit Negativzinsen belastet werden. Veranschaulicht wird dies in Abbildung 1.

3.2 Wettbewerb

Natürlich war der Wettbewerb unter den Banken schon immer intensiv. Einen ersten besonderen Höhepunkt erreichte dies Ende der 1990er-Jahre, als die Direktbanken mit Onlinebanking und Direct-Brokerage zu besonders günstigen Konditionen in den Kampf um den Kunden antraten. Mit der zunehmenden Digitalisierung erweiterte sich der Wettbewerb über die klassischen Banken hinaus. Die sogenannten FinTechs konzentrieren sich darauf, eine spezielle Leistung im Retail-Banking für den Endkunden so einfach wie möglich anzubieten. Diese Unternehmen haben ihren Fokus auf einzelne Themen, wie z.B. den Zahlungsverkehr, Versicherungen, Anschaffungskredite. Diese denken sie vom Kunden her und vereinfachen die Prozesse dementsprechend. Das Ziel ist es, damit so schnell wie möglich an Größe zu gewinnen, um profitabel werden zu können. Sicherlich gelingt dies nur den Allerwenigsten. Doch diejenigen, welche überleben werden oder denen es gelingt, einen starken Partner zu gewinnen, werden in diesem Geschäftszweig zur echten Gefahr für die Erträge der traditionellen Banken. Auch große Giganten wie Apple, Amazon, Google und Co. machen mit der Gründung eines Lobbyverbandes „Financial Innovation Coalition (FIN)“ Ernst im Bereich Financal Services. Es stellt sich die Frage, ob diese Unternehmen den (eigentlich defizitären) Zahlungsverkehr als Business Case erkannt haben und sich daher Banklizenzen besorgen oder ob es diesen Unternehmen vielmehr um die Verwertung der daraus gewonnenen Kundendaten geht – Big Data lässt grüßen. Das Thema FinTech bekommt hier auf jeden Fall eine neue Dimension. Und hier stellt sich am Ende die Frage: Können sich FinTechs und Banken langfristig gegen die großen Internetgiganten behaupten?

Beispiele für FinTech im deutschen Retail Banking

- Geld versenden: Apple pay, lendstar
- Risiken absichern: friendsurance
- Vorsorgen: fairr.de
- Finanzen planen: Kontoalarm, feelix
- Geld verwalten: Number26, moneymeets
- Geld leihen: auxmoney, Lendico
- Geld investieren: United Signals, ayondo
- Geld sparen: ZinsPilot, WeltSparen

3.3 Kunde

Menschen sind häufig widersprüchlich in ihrem Denken und Verhalten. Der hybride Konsument vereint heute Wertvorstellungen, die sich häufig widersprechen. Beispielsweise leben Menschen intensiv im Heute, haben aber auch ein intensives Sicherheitsbewusstsein für die Zukunft. Die Globalisierung treibt viele Menschen hinaus in die weite Welt, und trotzdem haben sie eine intensive Heimatverbundenheit. Und trotz des Trends zum intensiven Genuss steht doch auch das Gesundheitsbewusstsein hoch im Kurs. Dadurch ist der Kunde natürlich auch für Produktanbieter schwer einzuschätzen. Nachfolgend werden weitere, oft gegensätzliche Werte und Einstellungen genannt, welche viele Menschen widersprüchlich in sich tragen:
- Heute und Morgen
- Internationalität und Heimat
- Genuss und Gesundheit
- Freiheit und Bindung
- Innovation und Tradition
- Geschwindigkeit und Muße
- Inszenierung und Verantwortung
- Transparenz und Geheimnis
- Effizienz und Überraschung
- Online-Shopping und stationärer Einkauf

3.4 Regulatorische Anforderungen

Die zunehmende Regulierung auf europäischer Ebene schafft zunehmend vor allem für Banken in Deutschland einen erheblichen Verwaltungsaufwand, der beispielsweise durch das zeit- und kostenintensive Beauftragtenwesen verursacht wird, ohne auch nur die geringsten positiven Auswirkungen auf den Vertrieb zu haben. Doch sind diese Rahmenbedingungen als Pflicht zu erfüllen – die möglichst einfache Umsetzung ist dabei die Kür für die Unternehmen.

3.5 Digitalisierung

„Es ist keine Frage mehr, ob Banken sich verändern müssen; die einzige Frage ist, ob sie schnell genug sein werden!" lautet ein Zitat vom deutschen Autor, Arzt und Unternehmer Cay von Fournier. Wie schon oben beschrieben, hat sich durch die zunehmende Digitalisierung der Wettbewerb deutlich verschärft. Das durch die Digitalisierung veränderte Kundenverhalten hat aber im Finanzsektor noch nicht die Auswirkungen wie in anderen Branchen, z.B. in der Fotografie, im Bücher- oder Musikmarkt, in denen alte Technologien fast komplett vom Markt verschwunden sind.

Trotzdem verändern sich die Rahmenbedingungen für Banken radikal durch eine massive Verkürzung der Produktentwicklungszyklen, verringerte Markteintrittsbarrieren, Prozessinnovationen, digitale Kundenerlebnisse und die bereits erwähnten FinTechs, welche viele Nischen belegen.

4 Überalterung der Kundenstruktur als Kernproblem

Die Auswirkungen der Niedrigzinsphase stellen für die Banken aktuell eine extrem große Herausforderung dar. Die Folgen sind über alle Bankengruppen und Sparkassen deutlich zu erkennen. Dies spüren am Ende auch die Kunden. Die früher oftmals kostenlos angebotene Abwicklung des Zahlungsverkehrs kann nicht mehr kostenfrei zur Verfügung gestellt werden, und fast alle Gruppen schaffen nach und nach das kostenlose Girokonto ab. Auf der Kostenseite werde alle Möglichkeiten genutzt, um Einsparungen erzielen zu können. So dünnen vor allem Genossenschaftsbanken und Sparkassen ihr dichtes Filialnetz aus und schließen Geschäftsstellen. Viele Fusionen und dadurch größer werdende Einheiten werden genutzt, um weitere Einsparungspotenziale realisieren zu können. Durch die getroffenen Maßnahmen sollte diese Phase der Niedrigzinsen für die meisten Banken auch zu meistern sein.

Mittel- bis langfristig gibt es aber ein anderes Thema, welches vor allem für Genossenschaftsbanken zu einer existenzbedrohenden Gefahr werden kann. Bei vielen Genossenschaftsbanken ist die Altersstruktur der Bestandskunden noch deutlich älter als in der ohnehin schon überalterten Bevölkerung. Nachdem viele Genossenschaftsbanken bei sehr jungen Kunden (unter zehn Jahren) noch einen guten Kundenbestand und damit Marktanteil haben, nimmt der prozentuale Anteil beim Eintritt ins Berufsleben oder dem Studium massiv ab, um dann ab dem 30. Lebensjahr wieder anzusteigen. Den höchsten Marktanteil besitzen die Genossenschaftsbanken bei den 56- bis 60-Jährigen. Diese Tatsache kann natürlich zu einer Bedrohung der Überlebensfähigkeit werden (siehe Tabelle 1).

Tab. 1: Kundenreichweite der Volks- und Raiffeisenbanken nach Alter (Quelle: Genossenschaftsverband Bayern)

Altersgruppe	Durschnitt in Bayern	Durchschnitt im Bundesgebiet
14–15 Jahre	30 %	28 %
16–20 Jahre	30 %	25 %
21–25 Jahre	25 %	23 %
26–30 Jahre	28 %	21 %
31–35 Jahre	29 %	23 %
36–40 Jahre	32 %	24 %
41–45 Jahre	31 %	26 %
46–50 Jahre	34 %	25 %
51–55 Jahre	33 %	25 %
56–60 Jahre	39 %	24 %
61–65 Jahre	29 %	24 %
66–70 Jahre	32 %	25 %
70+ Jahre	28 %	24 %

Aktuell stellt dies noch kein großes Problem dar, denn die ältere Generation vereint den Großteil des Vermögens auf sich, und folglich generieren Finanzunternehmen mit diesen Kunden heute den Großteil ihrer Erträge (siehe Abbildung 2).

Abb. 2: Verteilung des Vermögens nach Kundengruppen (Quelle: A.T. Kearney, 2009)

Doch wie sieht diese Situation in zehn, fünfzehn oder zwanzig Jahren aus, wenn diese Kunden perspektivisch ihr Vermögen auf ihre Nachkommen übertragen? Der Großteil dieser Vermögen wird sehr unwahrscheinlich bei den Banken der Erblasser verbleiben, wenn die Erben nicht bereits schon Kunden dieser Banken sind. Und diese Tatsache kann natürlich eine massive Bedrohung der Überlebensfähigkeit bedeuten.

5 Wandelndes Informations- und Abschlussverhalten

5.1 Medienkonsum wird digitaler

Die Trends bei den Werbeausgaben deuten oftmals darauf hin, wohin die Reise bei der Nutzung bestimmter Produkte geht. In den USA wurden 2015 noch 16 % der gesamten Werbebudgets in Printmedien investiert. Die Nutzer verbrachten aber nur vier Prozent ihrer Zeit mit dem Lesen von Printmedien. Radiowerbung war relativ ausgeglichen. 10 % der Werbemittel flossen in diesen Kanal, der Zeitanteil der Nutzung lag bei 13 %. Beim TV lag das Verhältnis bei 39 % der Ausgaben und 36 % der Nutzung. Ebenfalls sehr ausgeglichen das Verhältnis im stationären Internet – 23 % der Werbemittel werden hier investiert und 22 % der Zeit der User wird dort verbracht. Beim mobilen Internet ist das Verhältnis umgekehrt. Im Jahr 2015 wurden nur zwölf Prozent der Werbemittel in diese Kanäle geleitet, aber die User verbrachten 25 % ihrer Zeit im mobilen Internet. Dies stellt ein ganz klares Zeichen dar, wohin die Reise geht.

5.2 Veränderungen des Nutzungsverhaltens im Zeitverlauf

Es gehört noch gar nicht so lange der Vergangenheit an, dass man als Fahrgast in öffentlichen Verkehrsmitteln anderen Menschen gegenüber saß, welche die Tageszeitung oder ein Buch lasen. Dieses Bild (siehe Abbildung 3) hat sich in den letzten waren massiv gewandelt. Heute starrt fast jeder auf sein Handy, und wenn ein Buch gelesen wird, dann meist auf einem Tablet oder E-Book-Reader. Fahrgäste mit dem guten alten Buch in der Hand sind „Exoten“ geworden.

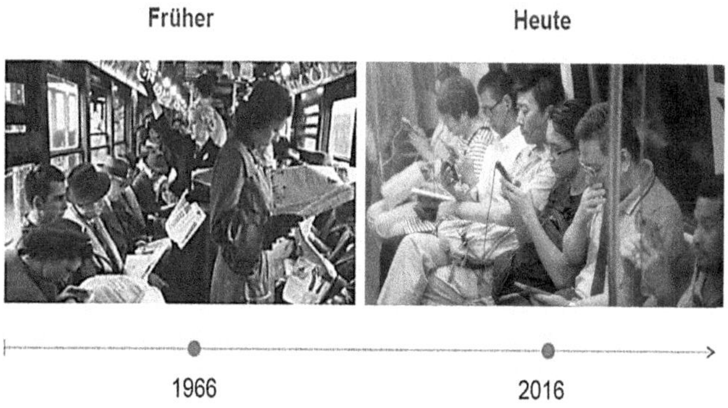

Abb. 3: Digitale Transformation – Informationsverhalten früher und heute (Quelle: Digitalcourage, 2016; Huh, 2017;)

Doch selbst bei der Nutzung von Onlinediensten hat sich das Verhalten in den vergangenen Jahren massiv vom stationären Internet hin zum mobilen Internet verschoben. Zwar liegen die Nutzungsquoten von Tablets, Smartphones und Co. noch hinter dem stationären Internet zurück – es dürfte sich aber nur noch um ein bis drei Jahre handeln, bis sich dies umgedreht hat. Die prozentuale Verteilung der Nutzung von stationärem bzw. mobilem Internet wird in der Abbildung 4 veranschaulicht.

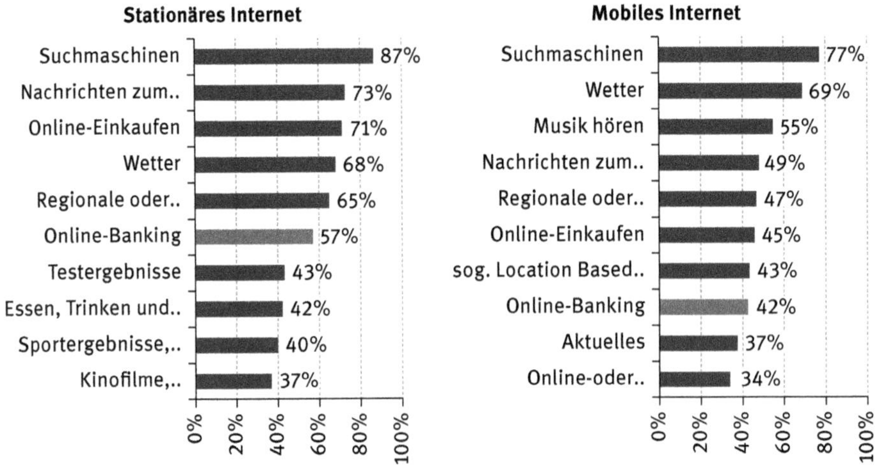

Abb. 4: Nutzungsvergleich stationäres und mobiles Internet (Quelle: AGOF e.V. / internet facts 2014-05 bzw. mobile facts 2014-I / Basis: 101.330 Fälle (Internetnutzer ab 14 Jahre letzte 3 Monate) bzw. 42.230 Fälle (Mobile Internetnutzer letzte 3 Monate) / „Nutzen Sie diese Angebote häufig, gelegentlich, selten oder nie?" / Darstellung Top Two-Box: häufige und gelegentliche Nutzung / Angaben in Prozent)

5.3 Auswirkungen auf die Finanzbranche

Die Finanzbranche folgt den Entwicklungen in anderen Branchen erfahrungsgemäß mit einigen Jahren Zeitverzug – aber dieser Trend lässt sich auch hier feststellen. Die folgende Tabelle 2 gibt einen Überblick, wie sich der klassische Überweisungsverkehr von den beleghaften Überweisungen hin zu anderen Kanälen bewegt.

Tab. 2: Veränderungen im Zahlungsverkehr am Beispiel des Überweisungsaufkommens (Quelle: VR-Bank Nürnberg, 2015)

Zugangsweg	2013	2014	2015	Veränderung 2013–2015
Telefon	7.121	8.813	14.221	+ 99,7 %
SB-Geräte	54.381	67.792	73.869	+ 35,8 %
ZV-Programme	413.404	435.518	648.185	+ 56,8 %
Onlinebanking	600.611	622.336	666.819	+ 11,0 %
Mobile-Banking	2.631	13.378	18.613	+ 607,4 %
Beleghaft	350.339	334.218	299.941	−14,4 %

Bankkunden lassen sich nach einer Studie von A.T. Kearney (2009) bezüglich ihrer Affinität zu digitalen Themen in drei Gruppen einteilen:
- **Digital Deniers**: Er ist neuen Technologien gegenüber abgeneigt. Er erwartet persönliche und intensive Beratung vor Ort.
- **Digital Migrants**: Er hat eine hohe Bereitschaft, neue Technologien zu erlernen und zu nutzen, wenn sie als sinnvoll erachtet werden.
- **Digital Natives**: Er integriert online Social Networks selbstverständlich und nutzt mobiles Internet in allen Lebensbereichen. Er vertraut Facebook-Freunden stärker als Bankberatern.

Diese Digital Natives stellen an ihre Bank die folgenden Anforderungen:
- **Multikanalfähigkeit**: Informationen, Beratung, Abschluss und Services über verschiedene Kanäle hinweg: Webseite, Facebook, YouTube, Blog, App, E-Mail, Textchat, Videochat.
- **Einfachheit und Verständlichkeit**: Komplizierte Produkte leicht und verständlich erklärt.
- **Individualität**: Produkte, die sich den individuellen Bedürfnissen anpassen.
- **Vertrauensanker**: Bewertungen von anderen Kunden und Beiträge in Formen genießen hohen Stellenwert.

Inzwischen informieren sich 49 % aller Bankkunden online, bevor sie in der Filiale vor Ort abschließen. Nach einer Marktstudie (GfK Media Efficiency Panel, 2014) schließt nach wie vor nur ein geringer Anteil der Bankkunden online ab (11 %). Doch weitere 49 % der später offline abschließenden Kunden informieren sich vorher im Internet. Dabei läuft der typische Kaufprozess folgendermaßen ab:

1. **Schritt**: Befragung von Freunden und Bekannten
2. **Schritt**: Internetrecherche über Suchmaschinen
3. **Schritt**: Internetrecherche über Vergleichsportale und Bewertungsportale
4. **Schritt**: Internetrecherche auf Produktanbieterseiten
5. **Schritt**: Anruf bei der Bank vor Ort
6. **Schritt**: Abschluss

Diese „Kundenreise“ nennt man ROPO-Effekt (research online, purchase offline).

Die Nutzung mobiler Endgeräte hat sich in den letzten vier Jahren massiv erhöht. Während im Jahr 2012 noch 31 % der Bevölkerung ein Smartphone nutzte, waren es im Jahr 2015 57 %. Dies entspricht einer Steigerung von 84 %. Bei den Tablets beträgt die Steigerungsrate sogar 160 %. Die Nutzung stieg von 10 % der Bevölkerung in 2012 auf 26 % in 2015. Der Anteil der Onliner mit (mindestens) täglicher Internetnutzung nahm von 31 % in 2005 über 50 % in 2010 auf 90 % in 2015 zu (GVB, 2016).

Hier wird nun die Herausforderung für die Sicherung der Zukunftsfähigkeit von Genossenschaftsbanken deutlich. Aus heutiger Sicht ist die genossenschaftliche Bankengruppe für die Digital Natives wenig attraktiv. Sicherlich hat die genossenschaftliche Finanzgruppe hier aufgeholt – trotzdem sind andere Bankengruppen im Digitalisierungsprozess und dem Umgang mit den neuen Medien weiter und innovativer. Anders ist der deutliche Rückgang des Kundenanteils in dieser Zielgruppe nicht zu erklären. Auch wenn dieses Kundenklientel heute nur einen geringen Beitrag zu den aktuellen Deckungsbeiträgen liefert, so werden sie die zukünftige Erbengeneration sein, größere Vermögen erben und damit die umkämpften Kunden von morgen darstellen. Ohne dass sich Genossenschaftsbanken, ausgehend von der Geschäftsstrategie, maßgeblich der Themen rund um die Digitalisierung annehmen, dürften die heutigen Geschäftsmodelle auf äußerst wackligen Beinen stehen.

In den kommenden Jahren wird sich das Banking deutlich verändern. Während heute noch rund 45 % reine Filialkunden sind, 50 % der Kunden als hybride Kunden bezeichnet werden können, die als sowohl digitales als auch persönliches Banking nutzen, gibt es nur 5 % der Kunden, welche Kontakt zur Bank nur digital wünschen. Bis zum Jahr 2020 wird sich der Anteil an Filialkunden auf 25 % reduzieren. Der Anteil der hybriden Kunden erhöht sich auf 60 % und der Anteil der reinen digitalen Kunden auf 15 % (Zeb Research, 2013).

Erfahrungsgemäß folgt das Firmenkundengeschäft in seinen Entwicklungen drei Jahre dem Privatkundengeschäft. Daher stehen die aktuell massiven Veränderungen im Bereich der Digitalisierung im Firmenkundengeschäft. Auch die Online-Affinität der mittelständischen Unternehmen steigt kontinuierlich. Insbesondere die Nachfrage nach Bankprodukten wird zukünftig auch stärker digital erfolgen. Einer Studie von Strategy& (2015) zufolge werden zukünftig

- 52 % der Unternehmer den Großteil der Bankgeschäfte vollständig online und/oder mobile abwickeln → dies erfordert das Angebot von Online und Mobile-Banking.
- 23 % der Unternehmer eine Filiale nur noch bei komplexen Produkten aufsuchen wollen → dies erfordert von Banken die Konzentration auf Multikanal
- 22 % der Unternehmer weiterhin überwiegend in der Filiale bzw. beim Berater die Bankgeschäfte abwickeln → dies bedeutet, die Filiale und der Berater werden weiterhin benötigt

- 3 % der Unternehmer ein Call-Center für die Erledigung der Bankgeschäfte nutzen wollen → Call-Center sind erforderlich.

6 Spannungsfeld zwischen Beratungsqualität und Digitalisierung

Doch genau hier liegt das strategische Problem vieler Banken verborgen. Während ältere Kunden einen sehr großen Wert auf einen persönlichen Berater in einer nah zum Wohnort oder der Arbeitsstelle gelegenen Filiale legen, haben viele der Digital Natives eine Bankfiliale noch niemals von innen gesehen. Während der Finanzkrise im Jahr 2008 haben sich Genossenschaftsbanken und Sparkassen zu Recht von den Spekulationen der Großbanken differenziert. Bis heute wird die besondere Qualität in der Beratung nach den Wünschen und Zielen der Kunden als USP vermarktet. Doch diese Themen scheinen in der heutigen Welt für den Digital Native wenig Relevanz zu haben. Doch die digitale Transformation hat die Bankenwelt voll erfasst: Die Art und Weise, wie ein Kunde mit einer Bank kommuniziert, hat sich radikal verändert. Neue Technologien versetzen ihn in die Lage, jederzeit und von jedem beliebigen Ort aus mit seiner Bank zu interagieren.

Seitdem die Technik in Bankfilialen Einzug gehalten hat, wurde schon immer der Untergang der Filialen in regelmäßigen Abständen prophezeit. Aber am grundlegenden Erscheinungsbild hat sich in den vergangenen Jahrzehnten wenig verändert. Mit dem flächendeckenden Filialnetz wollten Banken lange Zeit geographisch nahe beim Kunden sein. In der digitalen Welt sind räumliche und zeitliche Nähe nicht mehr in der Dimension gegeben. Umso wichtiger ist die emotionale Nähe. Die Banken müssen ihren Kunden auch online das Gefühl vermitteln, sie zu verstehen und ihre Bedürfnisse ernst zu nehmen. Unter diesem Aspekt haben Banken in der digitalen Welt drei Dinge zu erfüllen:

- Das Erlebnis eines Kunden auf der Webseite einer Bank ist maßgeblich vom visuellen Design und dem Navigationsdesign abhängig.
- Interaktive Services wie Rechner und digitale Anlageberater sind Chancen, nahe an den Bedürfnissen der Kunden zu sein.
- Mobile-Banking bietet die Möglichkeit, dass der Kunde immer Zugang zu seiner Bank hat, auch wenn er unterwegs ist.

7 Lösungssätze der genossenschaftlichen Finanzgruppe

7.1 Kundenfokus 2020

Die bislang beschriebenen Entwicklungen sind keine neuen Erkenntnisse. Bereits 2012 wurden vom Bundesverband der Deutschen Volkbanken und Raiffeisenbanken (BVR) unter dem Titel „Kundenfokus 2015“ die beiden Fokusprojekte „Beratungsqualität“ und „WebErfolg“ aufgesetzt. Das Projekt „Beratungsqualität“ hat zum Ziel die ganzheitliche Beratung nach den Wünschen und Zielen der Kunden, auf ein einheitliches Qualitätsniveau bei den über 1.000 genossenschaftlichen Banken und deren Beratern zu heben und bedient sich dabei technischer Unterstützung. Das Projekt „WebErfolg“ soll die Defizite vieler Genossenschaftsbanken rund um alle digitaler Themen reduzieren und hat zum Ziel, dass der gesamte genossenschaftliche Verbund im Internet Marktstandard erreicht. Aus „Kundenfokus 2015“ wurde inzwischen „Kundenfokus 2020“ – nicht, weil die Ziele bis 2015 nicht erreicht werden konnten, sondern weil die Entwicklungen rund um die Digitalisierung rasend schnell voranschreiten und Stillstand nicht nur Rückschritt bedeutet, sondern existenzbedrohende Formen annehmen würde. Das Projekt „Beratungsqualität“ titelt inzwischen mit „Genossenschaftlicher Beratung“. Doch ist es ausreichend, dass genossenschaftliche Banken vom Look-and-Feel und Styleguide her einheitliche Webseiten betreiben, die Sichtbarkeit und Auffindbarkeit bei Suchmaschinen sukzessiv verbessert wird, Banken Social-Media-Auftritte und YouTube-Kanäle betreiben, Twittern und verschiedene Kommunikationskanäle wie Chats und WhatsApp betreiben?

Die ersten Maßnahmen des Projektes „WebErfolg“ lagen darin, einen einheitlichen Styleguide für die Webseiten für die genossenschaftlichen Banken zu gewährleisten, die Auffindbarkeit dieser Webseiten durch Suchmaschinenmarketing (SEO und SEA) und gezielte Online-Werbung zu steigern und Social Media zu etablieren. Zudem wurde die zentrale Seite des Finanzverbunds www.vr.de vollkommen überarbeitet. Etliche Themen erscheinen aus heutiger Sicht zwar wichtig, aber auch reichlich spät in der Umsetzung. Das Push-TAN-Verfahren „Secure2Go“, welches erst richtiges Mobile-Banking ermöglicht, wurde Anfang 2016 eingeführt, etliche Jahre nachdem die Sparkassen-Organisation für ein derartiges System zu werben begonnen hat. Mit „Scan2Bank“ können die Daten von einer Rechnung abfotografiert und direkt in ein Überweisungsformular in der Banking-App übertragen werden. Dieses System wird seit dem Sommer 2016 angeboten. Die bekannte Werbung der DIBA für ein derartiges System läuft ebenfalls bereits seit Jahren. Auch die Idee des seit 1,5 Jahren angekündigte „Geldboten“, mit dessen Hilfe Kleinbeträge wie eine WhatsApp von Kunde zu Kunde geschickt werden können, wurde inzwischen durch das FinTech „Lendstar“ perfektioniert und an den Markt gebracht. Hier kön-

nen die Teilnehmer aller Bankengruppen Kleinbeträge „versenden", die dann direkt auf deren Konten gebucht werden. Beim „Geldboten" wird dies nur unter Kunden der Genossenschaftsbanken und Sparkassen möglich sein. Doch die Entwicklungen gehen weiter, und sicherlich ist der genossenschaftliche Finanzverbund auf dem richtigen Weg, die Anforderungen aus der digitalen Transformation zu erfüllen. Unter dem Titel „Kundenfokus 2020" werden aktuell fünf inhaltliche Themenblöcke bearbeitet (ADG, 2015):
- **Kundenerlebnis**: Schaffung einzigartiger genossenschaftlicher Kundenerlebnisse über alle Kanäle
- **Vertriebs- und Servicemodell**: Sicherstellung eines konsistenten Omnikanal-Kundenerlebnisses mit einem vollintegrierten Vertriebs- und Servicemodell
- **Technologien**: Effiziente und sichere Infrastruktur mit einheitlicher Datenstruktur erlauben optimierte Geschäftsprozesse
- **Prozesseffizienz**: Refinanzierung von Innovationen durch (Prozess-)Effizienzgewinne und Repriorisierung von Investitionen
- **Steuerung, Personal und Innovation**: Schaffung zukunftweisender Steuerungs-, Personal- und Innovationsmodelle

Zu den aktuellen Innovationen gehören das VR-Entertainment-Portal unter der Adresse www.vr-entertain.de. Es bietet einen einzigartigen Mehrwert im Eventbereich für Inhaber von genossenschaftlichen Kreditkarten und ist gerade in der Ausbringung. Als nächstes Highlight steht die Einführung eines digitalen Netzwerks für Mitglieder der Genossenschaftsbanken an. Unter dem Titel „One and done"-Prozesse sollen Kundenprozesse effektiver und damit schneller gestaltet werden. Beispielsweise soll die Kontoeröffnung online mit Videolegitimation nach dem Vorbild von Number26 schnell und ohne viel „Papierkram" ermöglich werden.

Im Bereich des Omikanal-Bankings gibt die dem genossenschaftlichen Finanzverbund angehörende Teambank (Produktlieferant für den Anschaffungskredit e@syCredit) den Marktstandard vor. Führt ein Interessent online eine Berechnung durch und stimmt der Datenfreigabe zu, erhält die zuständige Genossenschaftsbank einen Vertriebsimpuls, um den potenziellen Kunden kontaktieren zu können. Kommt dieser Interessent in die Bank zur Beratung, kann der Berater in den eigenen Systemen dann direkt dort einsteigen, wo der Interessent online ausgestiegen ist. Dies klingt eigentlich logisch, ist aber in der heutigen Welt bei Banken noch nicht selbstverständlich.

7.2 Design Thinking fördert Kreativität und interaktive Zusammenarbeit

Innovative Projektarbeit bildet die Basis, um bei der Arbeit die Themen vom Kunden her zu denken. Dieser Prozess beinhaltet sechs Schritte:

- **Kunden verstehen** (Was passiert eigentlich am Markt? Wie hat sich das Kundenverhalten verändert?)
- **Beobachten/Interviews** (Raus aus dem Elfenbeinturm: Was denkt der Nutzer? Was sind seine eigentlichen Probleme und Bedürfnisse?)
- **Sichtweise definieren** (Erkenntnisse bündeln und personalisieren: Prototypische Kunstfiguren helfen, sich in die einzelnen Kundengruppen und ihre Lebenswelt hineinzuversetzen.)
- **Ideen finden** (Brainstorming: Wie könnten wir die Probleme der Kunden lösen? Wie müsste ein gutes Produkt aussehen?)
- **Prototypen entwickeln** (Ausprobieren: Die Ideen möglichst früh mithilfe von Prototypen erfahrbar machen.)
- **Testen** (Auf zur Zielgruppe! Was sagen die Kunden zum Prototyp? Wie nutzen sie ihn?)

7.3 Die Kundenreise

Egal über welchen Kanal – stationär oder online –, Kunden möchten sich verstanden und regelmäßig gut betreut fühlen. Und trotzdem sind die Methoden unterschiedlich, wie dies Banken über die verschiedenen Kanäle erreichen. In den digitalen Kanälen beginnt die Kundenreise damit, dass die Bank als möglicher Produktanbieter überhaupt erst einmal wahrgenommen werden muss. Dann möchte der Kunde seine Grundbedarfe so leicht wie möglich decken können. Hierzu möchte er mit seiner Bank über seinen von ihm bevorzugten Kommunikationskanal in Kontakt treten können. Im Idealfall kennt der Kunde die angebotenen Dienstleistungen und fühlt sich regelmäßig und gut betreut. Und am Ende dieser Kundenreise kann der Kunde die gewünschten Produkte auf verschiedenen Wegen abschließen – auch online. Dies hört sich relativ einfach an. Aber was gehört alles dazu? Hier haben Genossenschaftsbanken ihre Hausaufgaben zu machen. Dank der Arbeit in den Gremien und Verbänden stehen den Banken aber schon vielseitige Möglichkeiten zur Verfügung, um die Anforderungen aus der vorher beschriebenen Kundenreise erfüllen zu können (GVB):

- **Der Kunde findet die Bank:**
  - Optimierung der Homepage/Erweiterung um Usability (Benutzerfreundlichkeit)
  - Pflege der Verzeichnisse des genossenschaftlichen Finanzverbunds
  - Suchmaschinenmarketing (SEO- und SEA-Maßnahmen)
  - Social Media
- **Der Kunde kann die täglichen Bedarfe einfach decken:**
  - Onlinebanking-Zugang
  - Banking-App mit Zusatzfunktionen
  - Nutzung des elektronischen Postfachs

  - One-and-done-Prozesse (z.B. Kontoeröffnung online, Dispoantrag online, Adressänderung online)
  - Serviceaufträge digital
  - Direkter Draht zu Bank und Berater (z.B. Chat, Video-Chat, E-Postfach, Kontaktmöglichkeiten auf Homepage und im geschlossenen Bereich)
- **Der Kunde kann mit der Bank über den von ihm favorisierten Weg kommunizieren:**
  - Telefon
  - E-Mail
  - E-Banking
  - Filiale
  - Video-Chat/Video-Beratung
  - Instant Messaging (WhatsApp, Chat)
- **Der Kunde kennt die Dienstleistungen der Bank:**
  - Homepage (z.B. Produktfinder, Anlageberater, Markt- und Börseninformationen)
  - Social Media (z.B. Facebook, YouTube)
  - Online-Werbung
  - Persönliche Ansprache
- **Der Kunde kann seinen Bedarf identifizieren:**
  - Persönliche Beratung
  - Elektronischer Finanzmanager
  - Selbstberatung (z.B. Baufinanzierungs-Rechner, Altersvorsorge-Rechner, Kontoberater)
- **Der Kunde fühlt sich regelmäßig und gut betreut:**
  - Regelmäßiger Beraterkontakt
  - Schnelligkeit
  - Faire Konditionen
  - Gute Dienstleistungen
  - Hinweise von der Bank
- **Der Kunde kann Produkte selbst abschließen:**
  - Desktop und Mobile
  - Videoberatung
  - Robo Advice

8 Kampf gegen den Marktführer

Geht es um die Bekanntheit von online oder mobilen Bezahlsystemen außerhalb der klassischen Bankenwelt, ist PayPal absoluter Marktführer (89 % gestützte Bekanntheit). Mit deutlichem Abstand folgen SOFORT Überweisung (53 %), giropay (39 %),

ClickandBuy (34 %) und Amazon Payments (33 %). Noch deutlich zurück liegen die Bezahlsysteme von Google (Google Wallet, 14 %) und Apple (Apple Pay, 14 %). Auch in Sachen Vertrauen liegt PayPal mit 56 % an der Spitze (YouGov, 2016). Die gesamtdeutsche Bankenbranche hat erkannt, dass die Gefahr groß ist, dass im Zuge der Digitalisierung, diese innovativen Unternehmen Schritt für Schritt den Zahlungsverkehr auf sich zu vereinen. Und ein altes Sprichwort lautet: "Wer den Zahlungsverkehr hat, hat den Kunden". Es ist eine bislang einzigartige Sache, dass mit vereinten Kräften im Dezember 2015 der Online-Bezahldienst paydirekt an den Start ging. Doch aller Anfang ist schwer – und so zeigt sich nach rund einem Jahr, dass es nicht so leicht ist, das in zehn Jahren Versäumte aufzuholen und dem Marktführer PayPal ein richtig ernstzunehmender Konkurrent zu werden. Auf Käuferseite wird argumentiert, dass die 260 eher kleinen Shops, in denen paydirekt aktuell integriert ist, wenig Relevanz haben, und auf Händlerseite wird das fehlende Nachfragen von Käufern moniert. Und so gibt es bereits erste Stimmen, die paydirekt zum Scheitern verurteilt sehen.

9 Grenzen überwinden – weitere digitale Ansätze

9.1 Zusammenarbeit mit FinTechs

Die FinTech-Branche prophezeit gerne das Ende der Bankenbranche. Doch auch 62 % der Bankkunden selbst gehen davon aus, dass es in zehn Jahren kaum noch Bankfilialen geben wird. Ebenfalls 55 % gehen davon aus, dass neue Bezahlsysteme von Internetunternehmen die klassische Kredit- oder EC-Karten verdrängen werden (YouGov, 2016). Die in Europa derzeit am schnellsten wachsende mobile Bank ist Number26. Im Januar 2015 noch mit einer Hand voll Kunden ausgestattet, erreicht das Unternehmen derzeit eine Anzahl von über 200.000 Kunden (N26, 2017). Doch viele Beispiele aus der FinTech-Branche in den USA, welche dem europäischen Markt immer ein paar Jahre voraus ist, zeigen, dass das rasante Wachstum aus der Startphase meist schnell abflacht. Was diesen Unternehmen fehlt, ist das Vertrauen der breiten Kundschaft. Dieses Vertrauen genießen meist die großen und etablierten Konzerne. Und so ist es naheliegend, dass sich zunehmend große Konzerne kleine Unternehmen aus der FinTech-Szene kaufen oder mit ihnen zusammenarbeiten. Die kleinen innovativen Unternehmen bringen das Know-how, die Großen verfügen über den Kundenstamm und genießen deren Vertrauen. Zunehmend schwappt dieser Trend auf den europäischen Markt über. Und so müssen sich etablierte Unternehmen wie der genossenschaftliche Finanzverbund die Frage stellen, ob es sinnvoll ist, alles selbst entwickeln zu wollen und dafür viel Zeit zu benötigen oder zukünftig mehr mit innovativen Unternehmen gearbeitet werden sollte. Die Kooperation von vier Genossenschaftsbanken aus dem Münchener Raum mit der Firma Lendstar unter dem Label „BAYLendstar“ könnte hier zukunftsweisend sein.

9.2 Robo Advice – Innovation sucht Marke

Digitale Innovationen wie Robo Advice können bald eine zunehmend wichtige Rolle spielen. Sicherlich ist es heute noch so, dass die meisten Menschen dem Rat eines vertrauten Menschen und/oder Beraters mehr vertrauen als dem Rat einer Maschine. Doch denken wir auch hier einmal an die Vergangenheit. Im Jahr 1997 war es erstmals der Fall, dass ein Computer den damaligen Schachweltmeister schlug. Aber damit nicht genug – die Entwicklung in der Technik geht laufend weiter. Seit 2005 schlagen Computer den Menschen beim Jeopardy und erst jüngst im Jahr 2016 wurde der Weltmeister des hochkomplexen Spiels GO durch einen Computer besiegt. Computer können heute Auto fahren, obwohl noch 2003 die Robotics-Szene festgestellt hatte, dass der Computer im Gegensatz zum Menschen in der diffusen Mustererkennung nicht so gut ist. Diese Exponentialkurve der Weiterentwicklung verläuft immer schneller. Wenn nun Menschen irgendwann erkennen, dass ein Computer bessere Diagnosen als Ärzte treffen kann oder eben Computer bessere Anlageempfehlungen aussprechen als Berater, dann wird über kurz oder lang das Vertrauen in den Menschen schwinden und zur Maschine steigen. Doch sitzen wir in wenigen Jahren wirklich nur noch vor einer Maschine? Vielmehr vermute ich, dass Banken sich die technischen Hilfsmittel zu Nutzen machen müssen, statt sie zu verfluchen. Wohin Verweigerungshaltung führt, zeigt die Entwicklung im Versandhandel oder bei der Fotographie.

An dieser Stelle soll Dr. Rainer Janßen (2016) zitiert werden, der zehn Jahre lang als Gastdozent an der Technischen Universität München tätig war:

> Wir müssen nicht versuchen, den Berater noch mehr zu schulen und in ein Expertenrennen gegen den Computer zu schicken, das er nicht gewinnen kann. Hier sollten wir eher darin investieren, den besten Computerberater bei uns zu haben. Und dazu sollten wir uns wirklich die Frage stellen, ob wir denn alle Expertise, um diesen Computerberater zu entwickeln, im eigenen Hause haben oder ob wir uns mit anderen verbinden und vernetzen müssen. In der Finanzdienstleistungsindustrie ist nach meiner Meinung der Drang noch viel zu hoch, alles selber machen zu wollen – vergleichen Sie das einmal mit der Automobilindustrie, statt sich mit den besten Zulieferern und Servicepartner zu vernetzen.

Die Investmentgesellschaft aus dem genossenschaftlichen Finanzverbund „Union Investment“ pilotiert seit geraumer Zeit mit „VisualVest“ ohne das eigene Label eine Plattform, mit dessen Hilfe der Kunde sich selbst beraten kann. Auch hier ist es naheliegend, dass das Unternehmen diese Plattform zukünftig den Genossenschaftsbanken zur Verfügung stellen möchte, um so die starke Marke und damit den Vertrauensbonus des genossenschaftlichen Finanzverbunds bei den 30 Millionen Kunden zu nutzen.

10 Handlungsempfehlung für Banken

Die Fragestellung nach dem Entweder-oder stellt sich für Genossenschaftsbanken also nicht. Zu heterogen sind die Kunden und deren Anforderungen. Aus diesem Grund sind es wohl zwei Wege, die mittelfristig das Geschäftsmodell sichern werden. Aber diese beiden Wege müssen beide konsequent beschritten werden. Diese sind:

- die konsequente Mitglieder- und Kundenorientierung und
- die Digitalisierung der gesamten Produktionskette.

Und um diesen Weg erfolgreich beschreiten zu können, müssen Genossenschaftsbanken Antworten auf folgende strategische Fragen finden:

- **Vertriebssteuerung**
  - Kundensegmentierung und Steuerung der Ressourcen weiter nach soziodemografischen Kriterien (z.B. Einkommen/Vermögen) oder nach digitaler Reife und Nutzung der Vertriebskanäle?
  - Haben die Banken die Daten und die rechtlichen Grundlagen für den digitalen Zugang zum Kunden?
  - Welche Balance finden die Banken aus stationärem und digitalem Vertrieb?
- **Produktionssteuerung**
  - Bieten die Banken lediglich eine Plattform zur elektronischen Informationsversorgung für Kunden oder verfügen sie über integrierte Serviceleistungen?
  - Welche Kostenpotenziale lassen sich durch Digitalisierung von Geschäftsvorfällen zusätzlich heben?
- **Risiko- und Renditesteuerung**
  - Wie messen Sie den Erfolg aus dem digitalen Vertrieb?
  - Welche neuen Risikoarten sind zu steuern?

Aufgrund der veränderten Rahmenbedingungen vollzieht sich (evolutionär) ein Wandel von der Filial- zur Onlineorientierung. Die Kundenzentrierung bleibt aber wesentlicher Ansatzpunkt. Genossenschaftliche Banken benötigen ein klares Bekenntnis zum Online-Vertrieb in der Geschäftsstrategie und eine konsequente Anpassung der Vertriebs- und Risikostrategie. Digitalisierung gilt es zu gestalten und nicht nur zu bewältigen. Dabei gilt es, die vorhandenen Kundensegmentierungen im Privatkundengeschäft, i.d.R. nach Einkommen und/oder Vermögen, um die Prioritäten der Kunden hinsichtlich der Vertriebskanäle (z.B. Onlineaffinität) zu ergänzen. Das Vorhandensein der Zugangsdaten wie Handynummern und Email-Adressen sind zwingende Basics.

Um den Anforderungen der digitalen Transformation gerecht zu werden, stellte das Fraunhofer Institut dazu als Empfehlung für die Finanzbranche folgende fünf Hypothesen auf:

- Zerstören Sie Ihr Geschäftsmodell, bevor andere es tun!
- Digitale Transformation wird durch Kreativität entschieden, nicht durch Technologie!
- Digitalisierung ist der (datenbasierte) Kampf um die besten Lösungen an der Kundenschnittstelle, nicht das bloße Sammeln von Daten.
- Digitalisierungsstrategien müssen konstant hinterfragt und an veränderte Umstände angepasst werden!
- „Scheitern" muss erlaubt sein!

11 Fazit

Egal über welchen Kanal – stationär oder online – Kunden möchten sich verstanden und regelmäßig gut betreut fühlen. Viele Bankvorstände sprechen von der Notwendigkeit, die digitalen Vertriebs- und Kommunikationskanäle ausbauen zu müssen. Aber wenn es darum geht, dafür Personalkapazitäten und Marketingbudget bereitstellen zu müssen, bleibt der Geldbeutel knapp. Aber es gibt auch andere Beispiele. Es gibt Banken, welche jeden Euro den sie heute in Umbauten oder Renovierungen von Geschäftsstellen investieren doppeln und den gleichen Betrag in die Digitalisierung der Bank investieren. Banken benötigen ein klares Bekenntnis und eine konsequente Umsetzung mit allen Konsequenzen. „Am Ende ist zwischen Dallmayr und Aldi für Mittelmaß in der zukünftigen Welt wenig Raum" (Janßen, 2016). Dies gilt auch für Genossenschaftsbanken. Man kann nicht „auf allen Hochzeiten tanzen" – Digitalisierung macht man nicht nur ein bisschen. Und die Entscheidung zur Zukunftsfähigkeit des Geschäftsmodells fällt in den nächsten zehn bis fünfzehn Jahren.

Literatur

ADG (2015). Kundenfokus 2020. URL: https://www.adgonline.de/adg_online/Finanzgruppe/qualifizierungsangebote/vertriebsbank-privatkundengeschaeft-firmenkundengeschaeft-marketing-vertrieb/vertrieb/kundenfokus-2020/ [zuletzt aufgerufen am 13.03.2017]

AGOF e.V. (2014). Internet facts 2014-05. URL: https://www.agof.de/news/news-2014-07-17/ [zuletzt aufgerufen am 13.03.2017]

A.T. Kearnay, (2009). Fintech im deutschen Retail Banking. Düsseldorf.

Bundesbank (2016). Zeitreihe: Geldmarktsätze/EURIBOR Dreimonatsgeld/Tagessatz. URL: https://www.bundesbank.de/SiteGlobals/Forms/Statistik/ItsCharts/Its_Charts_Formular.html?resourceId=9220&input_=9180&pageLocale=de&csrftoken=6B7C7-CE2584560C22D0794C7490FA2BD&comparedTo=diffToPrevValueRel&comparedTo.GROUP=1&startDate=2011-10&endDate=2016-06&searchIssued=0&searchIssued.HASH=8f087827f636140b9cc6&frequency=D&frequency.HASH=d2207eb4b6131215b6e3&tsId=BBK01.ST0316&tsId.HASH=a02c2bd742d367764423&listId=&listId.HASH=e86887f103615b500791&submit=Grafik+aktualisieren [zuletzt aufgerufen am 13.03.2017].

Digitalcourage. (2016). Smartphone - Leitwolf unter den Smart-Pelzen. ULR: https://digitalcourage.de/blog/2016/smartphone-leitwolf-unter-den-smart-pelzen [zuletzt aufgerufen am 05.09.2017].

Huh. (2017). Stanley Kubrick's Candid Subway Photographs. URL: http://www.huhmagazine.co.uk/3643/stanley-kubricks-candid-subway-photographs [zuletzt aufgerufen am 05.09.2017].

GfK. (2014). Media Efficiency Panel.

Janßen, R. (2016). Vortrag "Union Perspektiven".

N26. (2017). N26 in Zahlen. URL: https://n26.com/presse/?lang=de [zuletzt aufgerufen am 13.03.2017].

Strategy& (2015). 2015 Retail Banking Trends. URL: http://www.strategyand.pwc.com/trends/2015-retailbanking-trends [zuletzt aufgerufen am 13.03.2017]

Union Investment (2016). ROPO Effekt.

VR Bank Nürnberg (2016). Veränderungen im Zahlungsverkehr am Beispiel des Überweisungsaufkommens.

YouGov. (2016). Kundenmonitor Banken 2016. URL: https://yougov.de/loesungen/reports/studien/kundenmonitor-banken/ [zuletzt aufgerufen am 13.03.2017]

Zeb GmbH. (2013). Zeb Research, Zeb Projekterfahrungen.

Teil II: **Implementierung und Praxisbeispiele**

Jörg Bruch

Digitale Transformation im Bankenumfeld am Praxisbeispiel easyCredit/TeamBank AG

1 Einleitung

Über den Begriff Digitale Transformation – obwohl inzwischen zum „buzz word" degradiert – scheint es trotz nahezu täglicher Verwendung kaum ein einheitliches Verständnis zu geben. Individuelle Unterschiede, bedingt durch externe Faktoren wie beispielsweise Branche, Größe, Unternehmenskultur, Historie und Marktumfeld, besitzen einen großen Einfluss auf die Wahrnehmung der digitalen Transformation. Eine einheitliche Betrachtung fällt deshalb schwer. Dabei lässt sich die Begrifflichkeit in einem pragmatischen Satz zusammenfassen: „In der digitalen Transformation geht es primär darum, die technologischen Mittel an das veränderte Kundenverhalten anzupassen." (Alain Veuve, 2016).

Dieser Beitrag gibt Einblicke, wie die TeamBank AG den digitalen Transformationsprozess im Kontext der gegebenen exogenen Rahmenbedingungen angeht. Ausgewählte Praxisbeispiele sollen die benötigte Flexibilität einer solch tiefgreifenden Veränderung veranschaulichen. Dies bedingt, dass zuerst die spezifischen Rahmenbedingungen der TeamBank AG erörtert werden. Anschließend wird der Einfluss weiterer, allgemeingültiger Effekte auf Anpassungsentscheidungen im Zuge der digitalen Transformation eingeordnet. Dies soll die Nachvollziehbarkeit der ergriffenen Maßnahmen der TeamBank unterstützen.

1.1 Die TeamBank AG als Teil der Genossenschaftlichen FinanzGruppe

Die TeamBank ist ein Unternehmen der DZ BANK Gruppe, einer der größten Finanzdienstleistungsorganisationen Deutschlands (2016, Nr. 3 nach Bilanzsumme). Innerhalb der Genossenschaftlichen FinanzGruppe fungiert die DZ BANK AG als Spitzeninstitut und Zentralbank für mehr als 1.000 Genossenschaftsbanken. Sie ist zudem als Geschäftsbank aktiv und hat die Holdingfunktion für die DZ BANK Gruppe (Bausparkasse Schwäbisch Hall, DZ Privatbank, DG Hyp, Münchner Hyp, R+V Versicherung, TemBank, Union Investment, VR Leasing, etc.). Diese Kombination von Bankdienstleistungen, Versicherungsangeboten, Bausparen und Angeboten rund um die Wertpapieranlage hat in der Genossenschaftlichen FinanzGruppe eine große Tradition. Die Spezialinstitute der DZ BANK Gruppe stellen in ihrem jeweiligen Kompetenzfeld wettbewerbsdifferenzierende Produkte und Dienstleistungen zu wettbe-

https://doi.org/10.1515/9783110525748-006

werbsfähigen Preisen bereit. Damit sind die Genossenschaftsbanken in Deutschland in der Lage, ihren Kunden ein komplettes Spektrum an herausragenden Finanzdienstleistungen anzubieten (TeamBank, 2015).

Die von der TeamBank entwickelte Marke „easyCredit“ bietet Produkte und Services, die konsequent vom Kunden her gedacht sind. Angetrieben von ihrem Anspruch, am Markt eine Schrittmacher-Rolle einzunehmen, hält easyCredit in jeder Lebenssituation die passende Liquiditätslösung parat.

1.2 Ausrichtung an Werten und Zielen der FinanzGruppe

Die Werte der TeamBank lassen sich unter der Überschrift „Wir sind ehrbare Kaufleute“ zusammenfassen. Sie orientieren sich an denen der Genossenschaftlichen Finanzgruppe und folgen dem Leitgedanken: „Lieber ein zufriedener Nicht-Kunde als ein unzufriedener Kunde“. Sie sind Eckpfeiler einer unverwechselbaren Unternehmenskultur, prägen das tägliche Handeln und geben Orientierung. Um auch im Umgang mit Partnerbanken, Kunden und Gesellschaft als ehrbare Kaufleute aufzutreten, wurden diese Werte neben der Innensicht auch für alle anderen Stakeholder als Rahmen definiert und kontinuierlich an die Weiterentwicklung der TeamBank angepasst.

In der Genossenschaftlichen FinanzGruppe Volksbanken Raiffeisenbanken ist die TeamBank das Kompetenzzentrum für Liquidität und mit der Marke easyCredit der Ratenkreditexperte. Seit 2003 kann easyCredit, Deutschlands fairer Kredit, bei Partnerbanken aus der Genossenschaftlichen FinanzGruppe bestellt werden. Die Vorteile dieses Verbundsystems liegen neben der Vielfalt und jahrelangen Erfahrung, in der persönlichen und kompetenten Beratung durch die Primärstufe vor Ort. Mit starken Partnern sowie einer integrierten und vernetzten Arbeitsweise wird der easyCredit nicht nur online angeboten, sondern nahezu flächendeckend in Deutschland über die Filialen der Volksbanken Raiffeisenbanken. Mittlerweile haben sich mehr als 83 % der Volksbanken Raiffeisenbanken für die Zusammenarbeit auf Provisionsbasis mit der TeamBank und ihrem easyCredit entschieden.

Der Kerngedanke einer systematischen Zuführung der eigenen Kunden zu den genossenschaftlichen Partnern ist im Handeln der TeamBank tief verankert. Dies spiegelt sich in innovativen Produkten und Services wider, die neben der Kundenbegeisterung stets auch den Anspruch besitzen, nutzenstiftend für die Partner aus der Genossenschaftlichen FinanzGruppe zu wirken.

2 Rahmenbedingungen im Bankenumfeld

Die Europäische Bankenlandschaft ist aktuell von drei großen Themenfeldern getrieben, welche das Bankgeschäft auch in Deutschland für die nächsten Jahre prägen

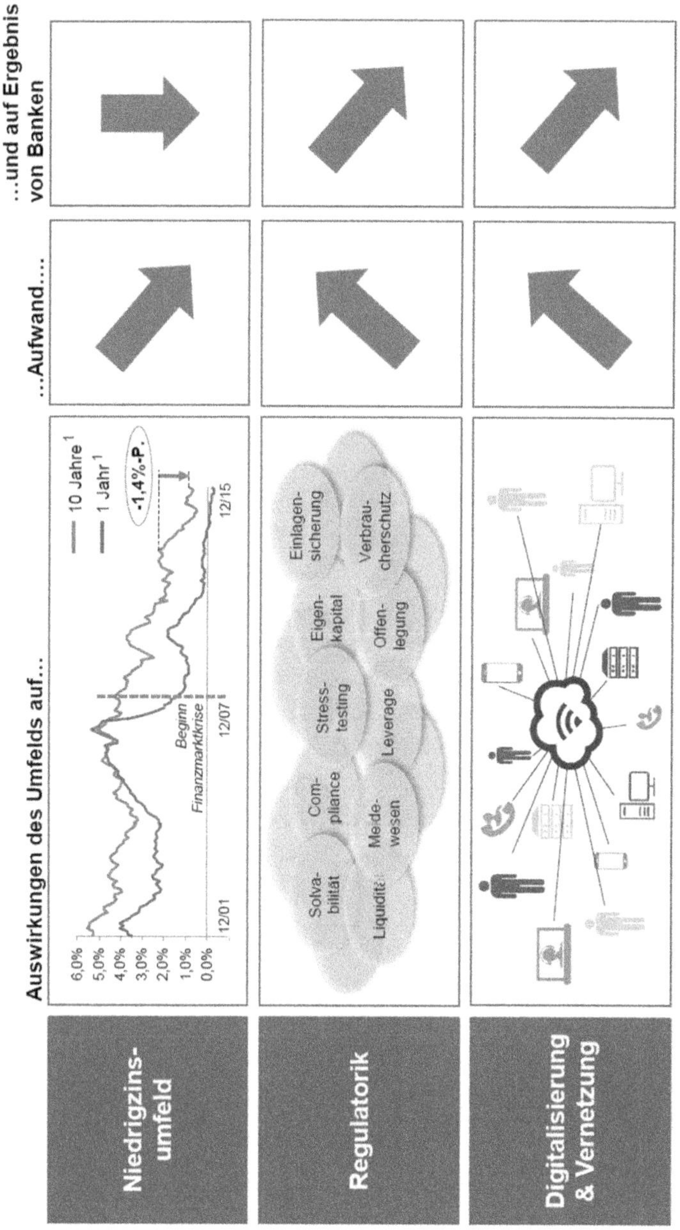

Abb. 1: Rahmenbedingungen des Bankenumfelds (Quelle: BVR)

werden. Von zentraler Bedeutung sind zum gegenwärtigen Zeitpunkt der deutliche Anstieg regulatorischer Anforderungen an Banken (seit Ausbruch der weltweiten Finanzkrise von 2008/2009), ein anhaltendes Niedrigzinsumfeld und der Einfluss der Digitalisierung auf das Bankgewerbe. Der mit den zuerst genannten Herausforderungen einhergehende Margenverfall erschwert die Investitionsbereitschaft in die erforderliche digitale Transformation. Dabei lassen sich gerade durch die Digitalisierung Prozesse verschlanken und Kosten reduzieren. Dies ist vor allem für die zukünftige Profitabilität erforderlich. Die Übersicht in Abbildung 1 verdeutlicht eben jenen Spagat und zeigt die damit verbundene Sprengkraft für die Bankenbranche auf.

2.1 Digitale Transformation

Von den genannten Rahmenbedingungen ist die Digitalisierung der einzige von Unternehmen direkt beeinflussbare Faktor. Die Auslöser sind jedoch auch hier extern, nämlich veränderte Kundengewohnheiten und -erwartungen, denn bei den Verbrauchern ist die Digitalisierung schon längst angekommen. So nutzen „6 von 10 Bundesbürgern ab 14 Jahren (63%) ein Smartphone“ (Bitkom, 2015) und 39% geben an, mit ihrem Smartphone bereits eingekauft zu haben, bei Tablet-Nutzern sogar 57% (BurdaForward, 2016) – Tendenz steigend. Schon längst hat das Smartphone die Relevanz eines Geldbeutels; die Mehrzahl der deutschen Smartphone-Nutzer geht nicht mehr ohne ihr Gerät aus dem Haus. Der Wendepunkt der Digitalisierung scheint somit bereits seit längerem überschritten. Für Banken – einst Vorreiter der Digitalisierung – gilt es demnach, in kürzester Zeit einen über die vergangenen Jahre entwickelten Rückstand im Bereich der kundenzentrierten Digitalisierung wieder aufzuholen. Denn im eigentlichen Sinne arbeiten Banken schon seit langem digital (z.B. Einführung der Geldautomaten vor über 40 Jahren).

Die gute Nachricht ist, dass sich die Kundenbedürfnisse an sich nicht verändert haben. Die Art und Weise der Bedarfsbefriedigung – das Kundenverhalten und deren Erwartungen – haben sich allerdings fundamental verändert. Laut einer Bitkom-Befragung aus dem Jahr 2015 ist damit zu rechnen, dass in zehn Jahren voraussichtlich 74% der Bankgeschäfte mobil abgewickelt werden (Bitkom, 2015). Ausgangspunkt aller Überlegungen und damit Maßgabe für das Selbstverständnis einer zukunftsorientierten Bank sollte demnach sein, die Verhaltensmuster der Kunden und deren Wunsch nach Einfachheit und Bequemlichkeit zu verstehen und ernst zu nehmen. Es ist nachvollziehbar, dass der Wunsch nach persönlichem Banking in einer digitalen Welt wächst, wenn sich große Abschnitte des Lebens dorthin verlagern. So versteht ein digital affiner Kunde nicht, dass er per Knopfdruck einkaufen, Informationen beschaffen, Videos streamen, mit Menschen weltweit Videogespräche führen, Urlaubserlebnisse teilen oder einen Flug buchen, – seine Geldangelegenheiten jedoch nur schwerfällig und umständlich regeln kann. Dies verdeutlicht ein Blick in die Produktangebote vieler Banken: häufig muss sich der Kunde für verschiedene Produkte ein und desselben Kreditinstituts mehrfach verifizieren. Dabei ist er aus anderen Bereichen seines Lebens bereits ein einmaliges Authentifizieren sowie nahtlose Übergänge zwischen verschiedenen Services und Plattformen gewohnt. Erwartet wird eine vernetzte Welt mit intuitiv bedienbaren und aufeinander abgestimmten Produkten, Dienstleistungen und Prozessen.

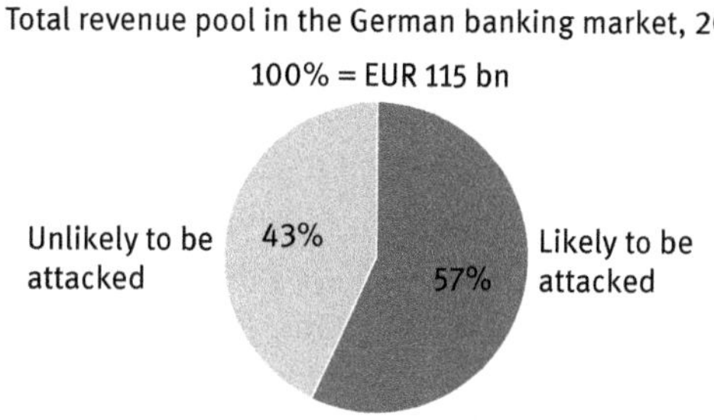

Abb. 2: Verteilungskampf um Gewinne im deutschen Bankenmarkt (Quelle: Deutsche Bank AG)

Aus gutem Grund setzen FinTechs, als Wettbewerber mit stringenter Kundenorientierung und Fokussierung, genau an diesem Punkt an. Indem sie sich lediglich auf einen kleinen Ausschnitt der klassischen Wertschöpfungskette einer Bank konzentrieren, diesen im Kundensinne vereinfachen und konsequent alle digitalen Kanäle nutzen, schaffen sie ein differenzierendes Alleinstellungsmerkmal. Andere Produktlinien, Prozessabhängigkeiten oder regulatorische Anforderungen können sie derart weitestgehend ignorieren, so dass sie Angebote schnell und agil entwickeln können. Die Erfahrungen der vergangenen Jahre zeigen, dass Kunden dies honorieren. So nutzen bereits 20% aller Bankkunden in Europa FinTechlösungen zusätzlich zu traditionellen Angeboten (com!, 2016). Bedingt durch deren Zuspruch und medialer Aufmerksamkeit, haben sich FinTechs zu einer wahrgenommenen Bedrohung für etablierte Kreditinstitute entwickelt. Inspiriert vom Digitalisierungserfolg anderer Branchen, haben sie den aktuellen Trend und das geänderte Kundenverhalten frühzeitig aufgegriffen und beginnen, Marktanteile zu erobern – anfangs im Alleingang, zunehmend in Kooperation mit etablierten Banken. Der Erfolg kommt nicht unerwartet, so sind der konsequente Fokus auf den Kunden und seine Bedürfnisse doch perfekt den flexiblen und zunehmend individualisierbaren Lösungen nachempfunden, die in anderen Branchen bereits seit längerem zum Standard gehören.

Wirklich greifbar wird der Hype um FinTechs erst durch konkrete Zahlen (siehe Abbildung 2). So schätzt die Deutsche Bank, dass bis zu 57% des Gesamtertragspotenzials im deutschen Bankengewerbe in Höhe von 115 Milliarden Euro in Zukunft wahrscheinlich von FinTechs umkämpft sein wird. Weltweit prognostizieren Analysten von Goldman Sachs sogar einen Verteilungskampf um Erträge in Höhe von 4,7

Bio. Dollar und Gewinne von bis zu 470 Milliarden Dollar (Reuters, 2015). Vor dem Hintergrund, dass beinahe täglich neue FinTechs in den Markt drängen (aktuell über 405 in Deutschland), wirkt diese Prognose sehr real und für viele Banken bedrohlich (Handelsblatt, 2016).

Einschränkend sollte jedoch erwähnt werden, dass ein Großteil der FinTechs in Deutschland bislang noch kein profitables Geschäft führt. So erwirtschaften selbst Anbieter mit entsprechender Marktreife, wie beispielsweise Auxmoney, noch keine Gewinne. Dies spiegelt sich auch in den von Wagniskapitalgebern bereitgestellten Eigenkapitalmitteln wider, in 2015 wurden nur 376 Millionen Euro in deutsche Finanz-Start-ups investiert. Das entspricht im Schnitt 1 Millionen Euro pro FinTech (Capital, 2016). Es wundert daher nicht, dass FinTechs verstärkt Kooperationen mit etablierten Banken eingehen und/oder direkt in sogenannten Innovation-Labs von Banken arbeiten, wo sie bei entsprechend kritischer Masse teils samt entworfener Produkte und Dienstleistungen aufgekauft werden (Capital, 2016). Dies ist der Tatsache geschuldet, dass FinTechs für die notwendige Skalierung oft die Kundendaten/-zugänge der etablierten Banken benötigen. Zukünftig werden voraussichtlich mehr potenziell nutzenstiftende Kooperationen zwischen alteingesessenen Banken und disruptiven FinTechs zu sehen sein. Es bleibt abzuwarten, ob es ihnen gelingt, bis dahin signifikante Marktanteile für sich zu gewinnen.

Abgeleitet für das klassische Bankenumfeld bedeutet dies hohe Investitionsbedarfe im Bereich der digitalen Transformation. Diese wirken als zusätzliche Budgetbelastung zu der ohnehin zunehmend problematischen Ertragslage der Banken. Ehemals sichere Ertragsquellen werden in den kommenden Jahren tendenziell rückläufig sein und weitere Aufwendungen durch steigende regulatorische Anforderungen sind wahrscheinlich. Dies bedeutet, dass die Optimierung bestehender und Entwicklung zukünftiger Geschäftsfelder an Bedeutung gewinnt. Die starke digital-affine Konkurrenz und der daraus entstehende Druck auf Banken, ihre Produkte und Prozesse konsequent unter der Maßgabe der Nutzenstiftung für den Kunden zu digitalisieren, gibt der digitalen Transformation somit ihren erhöhten Stellenwert. Digitalisierung sollte jedoch nicht als Selbstzweck verstanden werden. Neue Technik per se schafft noch keine Kundenrelevanz!

2.2 Regulatorik

Seit Ausbruch der Finanzkrise von 2008/2009 arbeiten Finanzbehörden weltweit mit Hochdruck daran, die zuvor über Jahrzehnte deregulierten Finanzmärkte intensiverer Regulation zu unterstellen, mit entsprechend belastender Wirkung auf Aufwand und Ertrag der Kreditinstitute (siehe Abbildung 1). Konkret entstanden der Bankenbranche in Deutschland seit 2010 jährlich rund 8,6 Milliarden Euro an direkten Kosten. In einigen Bereichen, wie Risikocontrolling oder Compliance, summieren sich die operativen Kosten der Regulierung bereits auf über 50% der Anteile am

Projektbudget. In anderen Bereichen, wie der internen Revision und dem Rechnungswesen/Finanzen, liegt der Wert leicht unter 50%. Neben den direkten Kosten ist in diesem Zusammenhang auch der anhaltende Kostendruck weiterhin relevant (Lister, 2015).

Wenngleich erste Entwicklungen sichtbar sind, durch Digitalisierung die Regulierungskosten für Banken zu senken, dürfte eine flächendeckende Nutzung noch Jahre dauern. So zielt beispielsweise IBM mit dem Kauf der auf Compliance-Themen spezialisierten Unternehmensberatung Promontory Financial Group darauf ab, zusammen mit der hauseigenen Künstliche- Intelligenz-Sparte, intelligente Lösungen für Regulierungsproblematiken anzubieten (TechCrunch, 2016). Banken sehen sich somit auch in naher Zukunft noch der Herausforderung gegenüber, diese Regulierungskosten anderweitig ausgleichen zu müssen. Vor diesem Hintergrund gilt es umso mehr, die Digitalisierung der eigenen Bank als Chance zu sehen, um durch innovative Produkte und Services die Ertragslage über Mehrgeschäft zu sichern.

2.3 Niedrigzinsumfeld

Neben den geschilderten Herausforderungen haben Banken zurzeit mit einem ausgeprägten Niedrigzinsumfeld zu kämpfen. Rückblickend gesehen befinden sich Zinssätze in der westlichen Welt seit den 1980er-Jahren auf einem stetigen Abwärtstrend, bedingt durch Faktoren wie die finanzielle Globalisierung, niedrige Inflation und die Erwartung eines geringeren Wirtschaftswachstums (The Economist, 2016). Die Finanzkrise von 2008/2009 und die daraus resultierende Wirtschaftskrise verstärkte vor diesem Hintergrund die Entwicklung der Zinssätze weiter. Nationale Notenbanken begannen ihre geldpolitischen Mittel äußerst umfangreich einzusetzen. Dies geschah als Reaktion auf die schwierigen wirtschaftlichen Verhältnisse, einhergehend mit großer Unsicherheit. So wurden Leitzinsen deutlich gesenkt, um sowohl die Kreditvergaben auf dem Interbankenmarkt als auch an Unternehmen wirtschaftlich lukrativer zu machen und dadurch Investitionen und schlussendlich volkswirtschaftliches Wachstum zu begünstigen. Darauf folgten weitere Maßnahmen der Europäischen Zentralbank. In diesem Zuge wurden zunächst in großem Ausmaße Staatsanleihen und anschließend Unternehmensanleihen gekauft. Dies führte, wie Abbildung 1 zeigt, zu einem rapiden Verfall der Zinssätze der dort gezeigten 10-jährigen Bundesanleihe wie auch von kurzfristigen Anleihen. In der Ausgabe der Bundesbank vom 05.10.2016 wurden die langfristigen Bundesanleihen beispielsweise zu einer Verzinsung von −0,03% ausgegeben (Deutsche Bundesbank, 2016).

Im ersten Quartal von 2016 wurde im Euroraum zwar ein Wirtschaftswachstum des Bruttoinlandsprodukts (BIP) von 0,6% gemessen, welches insbesondere durch robusten privaten Konsum getrieben wurde (Europäische Zentralbank, 2016). Die jedoch weiterhin angespannte volkswirtschaftliche Situation in den südeuropäischen Staaten und der eingangs beschriebene allgemeine Abwärtstrend der Zinssätze, in

Verbindung mit anhaltend geringen Investitionen, machen eine zeitnahe Leitzinsanhebung unwahrscheinlich. Die Europäische Zentralbank hält zudem an den geldpolitischen Sondermaßnahmen fest und geht davon aus, „dass die Ankäufe von Vermögenswerten im Umfang von 80 Milliarden Euro bis Ende 2017 oder erforderlichenfalls darüber hinaus“ fortgeführt werden (EZB, 2016).

Die Auswirkungen auf das klassische Ertragsfeld der Banken, das Einlagengeschäft, sind imminent und umfangreich. Langfristig werden Kreditinstitute lernen müssen, mit niedrigen Zinsen und fallenden Erträgen im Kerngeschäft umzugehen. Erneut verdeutlichen diese Entwicklungen die fundamentale Bedeutung der digitalen Transformation. Diese gilt es gestalterisch im Unternehmensinteresse voranzutreiben.

2.4 Zwischenfazit

Die deutsche Bankenlandschaft befindet sich im Umbruch und steht vor Veränderungen noch unbekannten Ausmaßes. In den Worten des Bundesbank-Vorstands, Herrn Dombret: „Die Widerstandsfähigkeit der Banken wird nachhaltig auf die Probe gestellt“ (Die Welt, 2016). Ein voraussichtlich über einen längeren Zeitraum anhaltendes Niedrigzinsumfeld sowie aufwendige Regulationsvorschriften und Verordnungen lassen die klassischen Ertragsfelder erodieren. In diesem denkbar ungünstigen Umfeld erreicht die Digitalisierung die Bankenbranche: „Der beschleunigte technologische Wandel und die zunehmende Vernetzung der Welt treiben die Bankenwelt. Die Menschen sind es längst gewohnt, dass Amazon, Google, Apple und Co. ihre Angebote laufend perfektionieren und immer schneller neue digitale Geschäftsfelder erschließen“ (Polenz, 2015). Anders als in der Vergangenheit, als klassische Kostensenkungsprogramme erfolgsversprechend waren und eine Orientierung an bereits bekannten Strukturen und Prozessen lieferten, gibt es für die aktuelle Situation keine „Gebrauchsanleitung“. Es gilt, von FinTechs in punkto Kundenorientierung und Agilität zu lernen und neue Wege zu gehen – Unternehmertum ist gefordert. In diesem Sinne ist die digitale Transformation ernst zu nehmen, als Chance zu begreifen und im Unternehmen voranzutreiben, zumal eine Rückkehr zum Status quo ausgeschlossen ist. Unerwartete Unterstützung gibt es von Seiten der Arbeitnehmer der Bankenbranche, wo Veränderung durch Digitalisierung überwiegend als Chance wahrgenommen wird (BankBlog, 2016).

Im Folgenden geben Praxisbeispiele aus dem Digitalisierungsprozess der Team-Bank Einblick in veränderte Produkt- und Serviceangebote sowie eine mögliche Methodik, diesen Wandel zu managen. Es ist ein umfangreicher Change-Prozess zu meistern, für dessen Ausgestaltung es keinen Musterprozess gibt und auch hier nicht der Anspruch erweckt werden soll, einen solche zu definieren. Vielmehr muss jede Bank ihren eigenen Weg der digitalen Transformation gehen.

3 Digitale Transformation – Praxisbeispiel easyCredit

Frühzeitig Trends anderer Branchen zu erkennen und diese zeitgleich in der genossenschaftlichen Bankenwelt zu setzen, ist Ansporn und Anspruch der TeamBank. In diesem Zusammenhang wurde die Digitalisierung anderer Branchen beobachtet, für das eigene Unternehmen übersetzt und verankert. Vom medienbruchfreien Abschluss bis zur easyCredit-App wird stets das Ziel verfolgt, Kunden zu begeistern und Neues zu entwickeln.

Fixstern für das tägliche Handeln ist die TeamBank Vision: „Unser umfassendes Liquiditätsmanagement trägt zu einem unbeschwerten Leben unserer Kunden bei". Unbeschwertheit bedient das fundamentale Kundenbedürfnis, dass Menschen sich nicht gerne mit ihrer Liquidität, ihrer finanziellen Situation, beschäftigen wollen und dennoch auf das gute Gefühl, das Richtige zu tun, ungern verzichten möchten. Hierzu will die TeamBank beitragen. Abgeleitet von der Vision definiert sich die Mission wie folgt: „Mit zukunftsfähiger Technologie und einem herausragenden Team begeistern wir Kunden und leisten damit einen Beitrag zum profitablen Wachstum der Genossenschaftlichen Finanzgruppe" und artikuliert so die „Daseinsberechtigung". Vision und Mission dienen als Guideline für alle Mitarbeiter, stimmen auf ein gemeinsames Ziel ein und stellen ein klares Bekenntnis zur Kundenorientierung dar. Gemeinsam wird am Fairnessgedanken der TeamBank und dem allgemeinen Wunsch nach Einfachheit und Verständlichkeit gearbeitet. Sowohl Vision als auch Mission basieren auf dem Wertefundament der TeamBank und dem genossenschaftlichen Wertekanon und geben den Rahmen für Strategie, Ziele und operatives Handeln.

3.1 Ausgangspunkt einer erfolgreichen digitalen Transformation

Aufgrund der sich stetig wandelnden, dynamischen Anforderungen müssen die organisationalen Rahmenbedingungen permanent überprüft und nachjustiert werden. Das betrifft vor allem die Start- und Endzeitpunkte des Veränderungsprozesses, die flexibel gesteuert werden. Dabei ergänzen neuartige Arbeitsweisen wie agiles Projektmanagement sinnvoll die Standardprozesse, insbesondere im Rahmen der Innovationsentwicklung. Eine Kultur, die es erlaubt, Fehler zu machen und aus diesen zu lernen, ist dabei Grundvoraussetzung.

Innerhalb der Unternehmenssteuerung und Ressourcenallokation lohnt es sich, eine Unterscheidung zwischen den beiden Dimensionen „Run" und „Change" vorzunehmen. Im Modus „Run" werden die Linientätigkeiten ausgeführt und die Prozesse optimiert. Dagegen zielt „Change" darauf ab, die elementaren Logiken des Unternehmens zu verändern. Diese beiden gegensätzlichen Modi gilt es intelligent miteinander zu verzahnen, um ein ausgewogenes Gleichgewicht zwischen Veränderung und dem täglichen „Brot-und-Butter-Geschäft“ herzustellen.

Bezogen auf die Digitalisierung gilt es, nutzenstiftende, neue technische Möglichkeiten in den Bankalltag zu überführen und die Mitarbeiter dafür zu begeistern. Als Grundlage hierzu ist eine positive Auseinandersetzung des gesamten Unternehmens mit Veränderungen notwendig und eine generelle Veränderungsbereitschaft und -fähigkeit im Unternehmen aufzubauen. Gerade in der digitalisierten und vernetzten Welt ist es selbstverständlich geworden, die Kommunikation unter den Mitarbeitern auszubauen, um deren Kreativität und Innovationskraft auch im Sinne der Wettbewerbsfähigkeit zu fördern. Gemäß einer 2014 veröffentlichten Studie des Markt- und Meinungsforschungsinstituts Gallup führen 86 % aller neuen Ideen zu Einsparungen, mehr Umsatz und höherer Effizienz (Nink, 2014). Gleichzeitig belegt eine Erhebung der Universität St. Gallen, dass nur 4 % der Ideen am klassischen Schreibtisch entstehen (KMU Magazin, 2005). Innovationsgetriebene Unternehmen benötigen demnach eine Arbeitswelt, in der die Mitarbeiter selbst bestimmen können, welche funktionelle und atmosphärische Umgebung sie am besten in ihrer Kreativarbeit unterstützt. Die ausführlich in Abschnitt 3.5 beschriebene easyCredit-Arbeitswelt nimmt daher bei der Verankerung der Veränderungs- und Zukunftsfähigkeit der TeamBank eine zentrale Rolle ein.

Um die Belegschaft zu ermutigen, auch außerhalb des gewohnten Umfelds „out-of-the-box“ neue Impulse für das Unternehmen zu generieren, bietet die TeamBank seit 2012 sogenannte „Learning Journeys“ an. Alle Mitarbeiter haben dabei anonymisiert die Chance, sich einmal im Jahr für eine bis zu zwei Wochen dauernde Lernreise ins Ausland zu bewerben. Deren Ziel ist es, sich extern inspirieren zu lassen, andere Sichtweisen in die TeamBank einzubringen und internationale Best-Practice-Beispiele aus der eigenen Branche und Vorreiter fremder Branchen kennenzulernen, die von den Mitarbeitern selbst identifiziert werden. Die Ansprache der Unternehmen, die Planung der Reiseroute und die Ausarbeitung des Programms erfolgen gänzlich eigenständig. Die Mitarbeiter werden damit angeregt, über ihren eigenen Tellerrand zu blicken und neue Wege zu gehen. Durch den anschließend breit geführten Dialog, sei es in persönlichen Gesprächen oder im digitalen Austausch, profitiert das gesamte Unternehmen von den gesammelten Erfahrungen. Während ihrer Reise berichten die Teilnehmer der Learning Journeys täglich ihren Kollegen im Büro über einen internen Blog. Fragen und Anregungen können unmittelbar aufgegriffen werden. Zudem präsentieren sie dem Vorstand und betroffenen Führungskräften ihre Erfahrungen nach ihrer Rückkehr. Anschließend wird eruiert, ob die Ideen auf das Unternehmen übertragen werden können. Bei den Learning Journeys standen in den vergangenen Jahren unterschiedliche Aspekte im Fokus der Betrachtung: Kundenorientierung (2012), Prozessexzellenz (2013), Innovation (2014) sowie Agilität (2015). Aus einem Besuch bei der kanadischen TD Bank entstand z.B. die Aktion „Herzenswünsche“. Unter dem Motto „Lang ersehnt. Voll überrascht. Wahr gemacht.“ wurden die Wünsche von 400 durch Partnerbanken ausgewählten Kunden erfüllt, die sie alleine nicht hätten realisieren können. Die Aktion wurde ein großer Erfolg und erhielt mit einer Reichweite von über 6,6 Millionen Facebook-Aufrufen auch in sozialen Netzwerken regen Zuspruch.[1]

Damit der Anspruch, „vom Kunden her zu denken“, auch in punkto Digitalisierung fest im Unternehmen verankert ist, wird der Kunde frühzeitig in die relevanten Schritte bei der Entwicklung neuer Produkte und Services eingebunden. Neben den klassischen Maßnahmen wie Kunden-Workshops und -befragungen werden ebenso modernere Formen wie Crowd Testing genutzt. Zudem hat die TeamBank als Bindeglied zwischen Kunden und easyCredit vor Jahren bereits als eine der ersten Banken einen Kundenbeirat etabliert und hierbei den Verbraucherschutz mit einem festen Sitz eingebunden. Der Beirat gestaltet das zukünftige Angebot aktiv mit und hilft, stärker auf individuelle Bedürfnisse und Wünsche der Kunden einzugehen. Er trägt mit seinen anregenden Diskussionen, konstruktiv-kritischen Verbesserungsvorschlägen und Impulsen zu mehr Kundenorientierung bei. Ebenso wurden Kundenreisen, welche die verschiedenen Kontaktpunkte der Kunden mit der Bank über den Lebenszyklus aufzeigen, optimiert und unterstützende Leistungen in enger Zusammenarbeit mit Kunden entwickelt. Für den Wissenstransfer im Unternehmen werden ferner in regelmäßigen Abständen aktuelle Projekte und Innovationen im Rahmen von Projektwanderungen und -messen vorgestellt. In diesem Zusammenhang erhält jeder Mitarbeiter die Gelegenheit, sich zu informieren und im persönlichen Austausch mit Projektmitgliedern eigene Impulse zu geben und erhalten.

Auf diese Art und Weise gelingt es der TeamBank, bei ihren Mitarbeitern eine positive Einstellung gegenüber Veränderung und digitalen Themen zu schaffen. Bestärkt durch eigene positive Erfahrungen und Berührungspunkte mit innovativen Vorgehensweisen anderer Unternehmen, können die Mitarbeiter die erkannten Zusammenhänge und Interdependenzen anwenden. So können die neu erworbenen Fähigkeiten genutzt werden, um Prozesse zu optimieren sowie Produkte und Services mit der Zielsetzung der Kundenbegeisterung zu gestalten. Externe Bestätigungen für solche und weitere Maßnahmen finden ihren Niederschlag in wiederholten Auszeichnungen wie beispielsweise dem Top-Job-Arbeitgeber-Siegel oder TÜV-zertifizierten Prozessen innerhalb der Bank. Insgesamt werden durch solche Impulse agile Strukturen in der TeamBank gefördert. So wird die digitale Transformation von innen heraus getragen und als große Chance für das Unternehmen gesehen.

3.2 Ist ein klassischer Omnikanal-Ansatz ausreichend?

Eine bisher von vielen Banken verfolgte Ausrichtung in Bezug auf die Digitalisierung ist das „klassische“ Omnikanal-Modell. Bei diesem stellen die einzelnen Kanäle isolierte, heterogene Vertriebs- und Kommunikationsmedien dar. Durch den Om-

1 Nähere Informationen unter: www.easycredit.de/daguckste/Story.htm.

nikanal-Ansatz bleibt die Organisation jedoch an einzelnen Kanälen ausgerichtet. Eine intensive Vernetzung innerhalb der Kanäle soll dem Kunden einen nahtlosen Wechsel ermöglichen. Dadurch soll eine Gleichwertigkeit der Kanäle mit jeweils vollständigem Produkt- und Serviceangebot sowie deren „End-to-End"-Führung geregelt werden. Dies ist in Abbildung 3 dargestellt. Dieser Ansatz ist jedoch starr und nicht individualisierbar, da weiterhin vorgeschriebene Kanäle existieren.

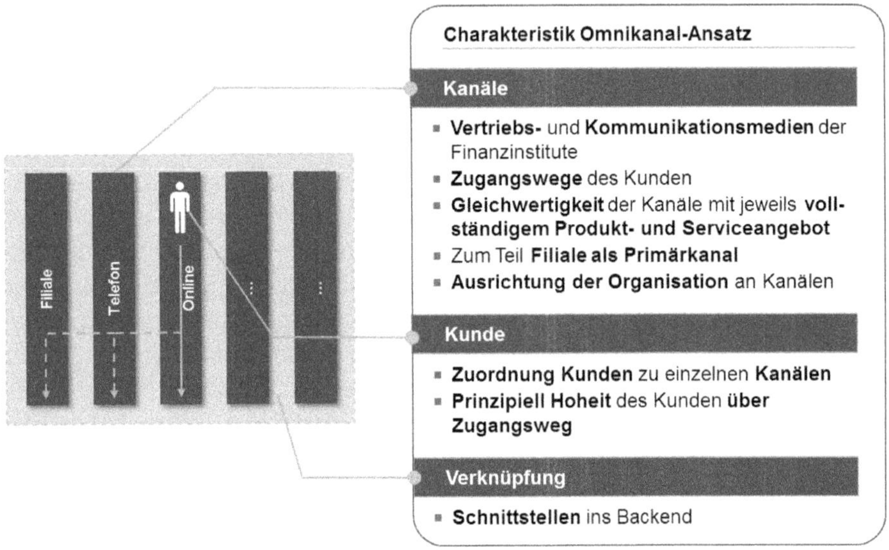

Abb. 3: Charakteristik des Omnikanal-Ansatz (Quelle: TeamBank AG, 2016)

Den wachsenden Kundenansprüchen wird das heutige Omnikanal-Modell somit nur bedingt gerecht. Als problematisch erweist sich die isolierte Steuerung der einzelnen Vertriebskanäle, da eine am Kunden ausgerichtete Leistungserbringung nur schwer möglich ist. Für ein gewandeltes Kundenverhalten fehlt, bedingt durch die starre Struktur des Modells, die benötigte Flexibilität. Neue Angebotsgestaltungen und Nachfragegewohnheiten sollten bestenfalls fortlaufend analysiert werden können. Statt einer kanalorientierten Ausrichtung sollte eine direkte Vernetzung der Geräte untereinander, ohne zwingende Einbindung einer zentralen Datenverwaltung, vorangetrieben werden. Dieser Paradigmenwechsel bedeutet einen Wechsel von einer hohen Abhängigkeit einer zentralen Schaltstelle zu einer direkten Vernetzung der Geräte bzw. Kontaktpunkte. Dem Block-Chain-Beispiel folgend, scheint sich der Trend „Dezentralisierung statt Zentralisierung" fortzuschreiben. Auf der anderen Seite kommt es zu einer erhöhten Spezialisierung auf bestimmte Produkte und/oder Dienstleistungen von Unternehmen. Einzelne, hoch spezialisierte Anbieter stellen heute bereits ihren Kunden nicht mehr alle Kontaktkanäle zur Verfügung und sind statt Hotline ausschließlich per E-Mail zu erreichen. Sie optimieren so ihre Prozesse

– insbesondere FinTechs fokussieren im Sinne der Prozesskosten häufig ausschließlich auf einen Kanal (höchste Form der Spezialisierung).

Hinzu kommt, dass die sich ändernden Nachfragegewohnheiten eine zunehmende Anpassungsfähigkeit und -geschwindigkeit erfordern. Beispielhaft sei an dieser Stelle die wachsende Akzeptanz von Wearables (tragbare elektronische Geräte) genannt. Durch deren Einsatz wird die Entwicklung nutzenstiftender Anwendungen ermöglicht, um dem Kunden intuitiv zum richtigen Zeitpunkt zur Seite stehen und ihm somit ein herausragendes Kundenerlebnis bieten zu können. Für den Kunden bedeutet dies noch mehr Individualität und Einfachheit. Für die Banken besteht die Herausforderung darin, schnell weitere Devices in ihr Ökosystem einbinden zu können. Mit dieser Entwicklung einhergehend gilt es auch die neue Bedeutung von Daten zu berücksichtigen – sowohl in ihrer Quantität als auch in ihrer Ausprägung. Die daraus entstandene Thematik der Datenauswertung, der sogenannten Customer Intelligence (CI), spielt im Laufe tiefgreifender Digitalisierungsbestrebungen eine wichtige Rolle. Hierbei wird eine adäquate Auswertung von (Kunden-)Daten als Basis gesehen, um Mehrwert im Kundenkontakt zu schaffen. Über diese Bestrebungen hinweg sollten jedoch auch hier nicht die technischen Möglichkeiten im Mittelpunkt stehen, sondern der Kundennutzen.

3.3 Digitalisierung weckt Forderung einer vernetzten Welt

Die erforderlichen Veränderungen des Omnikanal-Modells gehen im weiterentwickelten Omnikanal-Ansatz, der vernetzten Welt auf. Dies lässt sich anhand von fünf zentralen Kernthemen charakterisieren (siehe Abbildung 4).

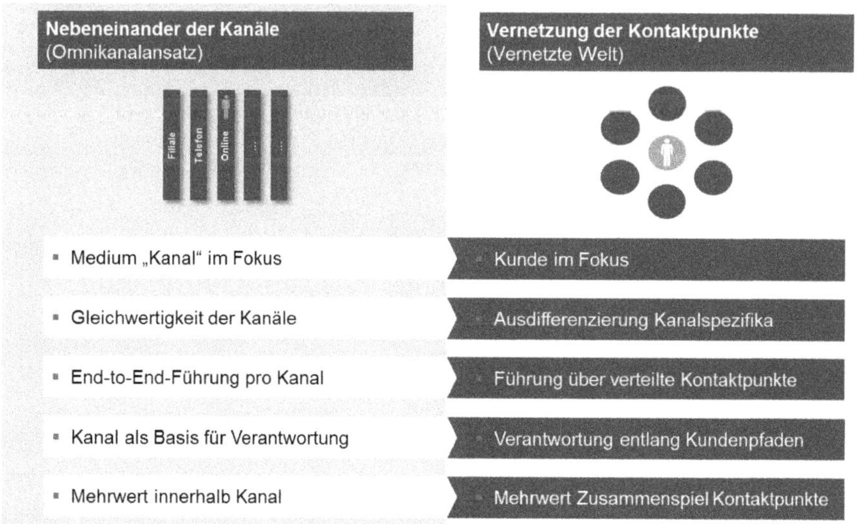

Abb. 4: Der Omnikanal-Ansatz der vernetzten Welt (Quelle: TeamBank AG)

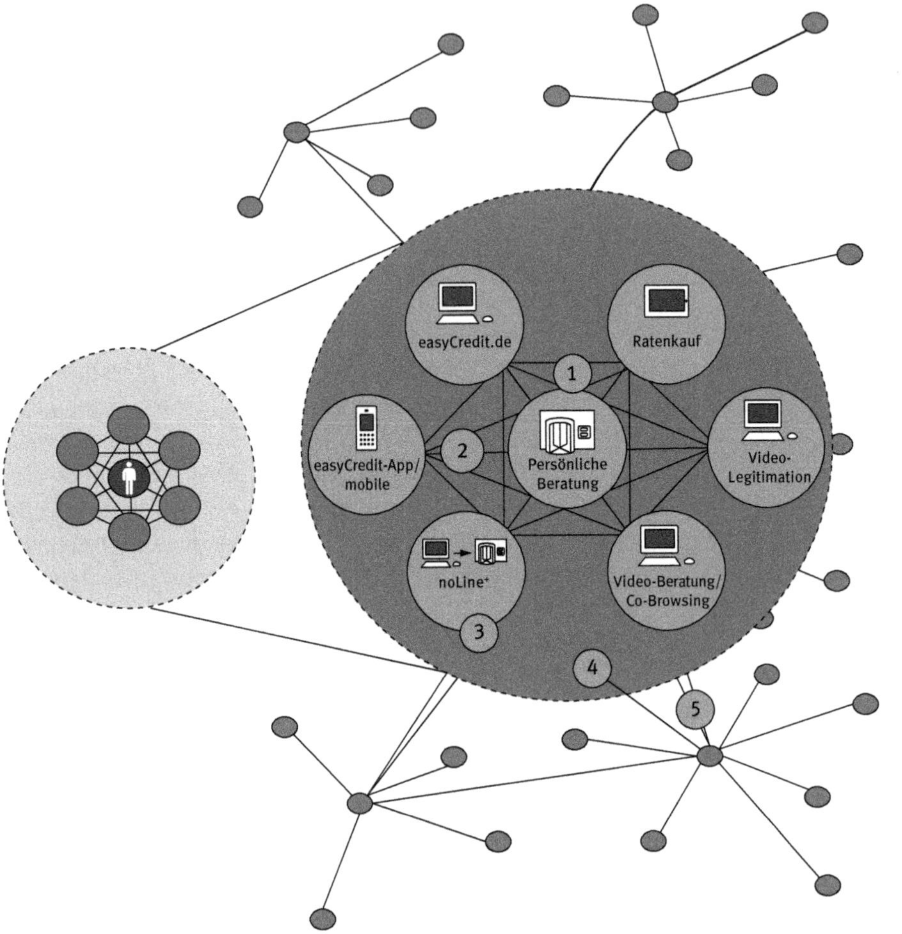

① Fokus persönliche Beratung
- Persönliche Beratung für Kunden im Zentrum
- Weitere Zugänge (Plattformen)

② Vernetzung Kontaktpunkte
- Konsequente Vernetzung Kontaktpunkte in allen Dimensionen

③ Zuführung GFG VBRB
- Zuführung zu Partnerbanken über noLine+

④ Ein Kontakt. Die Lösung.
- Positionierung Lösungsangebot am Kontaktpunkt

⑤ Austausch Ökosysteme
- Integration in fremde resp. von fremden Ökosystemen

Abb. 5: Detailübersicht der vernetzten Welt der TeamBank (Quelle: TeamBank AG)

In der vernetzten Welt steht der Kunde im Mittelpunkt, eine vorherige Festlegung von bestimmten Kanälen erfolgt bei der TeamBank nicht mehr. Zusätzlich verläuft der Aufbau entlang von Kundenpfaden. Bedingt durch die veränderte Struktur, weg von separat bespielten Kanälen und hin zu individuellen Kontaktpunkten, ändert sich deren Bedeutung. Kundenreisen sind nicht im Voraus vorgegeben wie noch in einem starren Omnikanal-Modell.

Die vernetzte Welt der TeamBank ist in dieser Hinsicht anhand der Kernelemente dargestellt (siehe Abbildung 5). Zentral angesiedelt ist der Fokus auf die persönliche Beratung. Um dieses Kernelement sind stringent vernetzte Kundenkontaktpunkte angesiedelt, wobei diese aus Kundensicht parallel sowie zeitlich und physisch losgelöst angeboten werden. In dieses Zusammenspiel fest verankert ist die Zuführung von Kunden an die Partnerbanken innerhalb der Genossenschaftlichen FinanzGruppe.

Die Weiterentwicklung im Vergleich zum Omnikanal-Ansatz findet sich in dem Folgenden Motto wieder: „Ein Kontakt. Die Lösung." Im Zuge dessen werden Kunden sofort am Kontaktpunkt individualisierte Lösungen angeboten. Ein Beispiel hierfür ist die easyCredit Finanzreserve. Es handelt sich hierbei um eine vorab geprüfte Kreditzusage, die der Kunde bei Bedarf unter anderem per App abrufen kann. Anschließend erhält der Kunde den Betrag ausbezahlt und kann seine gewünschte Anschaffung tätigen.

Zusätzlich ist für ein insgesamt abgerundetes Kundenerlebnis und eine agile Anpassung an ein verändertes Kundenverhalten auch eine Integration in bzw. Adaption an fremde Ökosysteme notwendig und sinnvoll. Dies bedeutet im Fall der TeamBank z.B. der Datenabruf aus anderen Systemen. Aus den Anforderungen der digitalen Welt entstand unter anderem ein medienbruchfreier Abschluss. Dieser ermöglicht es den Kunden, von jedem Kontaktpunkt aus eine Kreditbestellung durchführen, den Bestellvorgang unterbrechen und an einen anderen Kontaktpunkt nahtlos anknüpfen zu können. Kunden können die Kreditbestellung an sich per Videoberatung, Co-Browsing (gemeinsames browsen von Webseiten), per easyCredit-App oder selbstständig online per Videolegitimation vornehmen. Neben dem herkömmlichen PostIdent- Verfahren wurde mit dem noLine-Ansatz die Legitimation in den Filialen der Partnerbanken eingeführt. Dies zielt auf die Kundenüberleitung zu Partnerbanken hin. Zu einem medienbruchfreien Abschluss gehört jedoch ebenfalls die abschließende Abwicklung im Internet, um den Kredit rechtskräftig zu bestellen. Aus diesem Grunde hat die TeamBank als eines der ersten Kreditinstitute in Deutschland eine digitale Unterschrift (eSignature) eingeführt. Bedingt durch eine rechtliche Anpassung, welche die elektronische Unterschrift unter einem Vertrag für gültig erklärt, wurde im Juli 2016 der Weg für die eSignature geebnet. Seither kann der Kunde den Vertrag online rechtsgültig abschließen. Somit wird der Bestellprozess zusätzlich räumlich und zeitlich vollständig unabhängig. Konkret bedeutet dies, dass eine Bestellung nach Eingabe der ersten Daten, beispielsweise auf der Website von easyCredit oder Partnerbank, jederzeit unterbrochen und in einer Filiale einer der Partnerbanken wieder aufgenommen werden kann. Andererseits kann die finale Vertragsunterschrift auch online durchgeführt werden. Der Bestellprozess des easyCredit-Konsumentenkredits ist demnach stringent am Kunden ausgerichtet, um seinen Bedürfnissen bestmöglich gerecht zu werden. Dieses Gesamtpaket ermöglicht der TeamBank, den Kunden nachhaltig differenzierende Mehrwertleistungen und ein auf ihre persönlichen Bedürfnisse zugeschnittenes Kundenerlebnis anzubieten.

Eine darüber hinausgehende Erweiterung der vernetzten Welt hängt vom weiteren technologischen Fortschritt und den jeweiligen Kundenbedürfnissen ab. Als Ausblick auf zukünftige Entwicklungen könnten bei verstärkter Nutzung von wearables beispielsweise eine fallabschließende Bezahlung und Authentifizierungsmöglichkeiten darstellar sein. So könnten auch Zahlfunktionen mit entsprechenden Finanzierungsalternativen funktionieren, die mithilfe von Fingerprint oder Pulsmessung den Kunden vor einer Transaktion verifizieren. Einen ersten Vorgeschmack möglicher Produkte bieten innovative Start-ups. Auf sich aufmerksam gemacht hat hier beispielsweise das nymi Band, welches eine Multifaktorauthentifizierung, wie HeartID und Apple's TouchID, bietet und von externen Softwareentwicklern in eigene Prozesse integriert werden kann (nymi, 2016). Auch solche Entwicklungen sollten bei zugeschriebener Relevanz in einer vernetzten Welt grundsätzlich schnell und sicher angebunden werden können.

Zusammenfassend ist hervorzuheben, dass der klassische Omnikanal-Ansatz aufgrund seiner organisationsbedingten Starrheit nicht ausreicht, um dem Kunden Individualität und Einfachheit zu bieten. An diesem Punkt kommt die vernetzte Welt zum Tragen. Das erfordert jedoch ein radikales Umdenken. Die TeamBank hat mit ihrer Version der vernetzten Welt in dieser Hinsicht den nötigen Change-Prozess eingeleitet.

3.4 Erfolgreiche digitale Transformation – Rahmenbedingungen schaffen

Bei all diesen Überlegungen bleibt der Mitarbeiter das wertvollste Gut. Im Rahmen des Change-Prozesses sollten Mitarbeiter daher als Träger jeder Veränderung befähigt werden, die benötigten Services und Leistungen für eine erfolgreiche digitale Transformation zu entwickeln. Die digitalen Angebote der jeweiligen Bank müssen vom Mitarbeiter beherrscht und verstanden werden. Einem begeisterten Mitarbeiter gelingt es leichter, den Kunden von der Qualität und dem Mehrwert des angebotenen Service zu überzeugen.

Ein gutes Beispiel hierfür sind die mittlerweile von vielen Banken entwickelten Banking-Apps. Es überrascht, dass diese teilweise von der eigenen Belegschaft nicht oder nur bedingt genutzt werden. Wünscht ein Filialkunde Unterstützung bei der Bedienung, so kommt es zu einer doppelten Problematik. Zum einen nutzt ein wenig begeisterter Berater die hauseigene App nicht. Dementsprechend kennt dieser die Funktionsweisen nicht, wodurch eine adäquate Betreuung in diesem Fall nur eingeschränkt möglich ist. Zum anderen wird ein sogenannter „Moment-of-truth" vergeben, in dem der Kunde emotional involviert ist. Letztendlich steht der Kunde weiterhin vor einem ungelösten Problem. Doch gerade solche Momente schaffen loyale und begeisterte Kunden, wobei in diesem Szenario zudem die digitalen Aspekte in positiver Erinnerung blieben. Eben der persönliche Kontaktpunkt in der Filiale bietet eine perfekte Gelegenheit, von sich und seiner Leistung zu überzeugen. Zurück bliebe im skizzierten Fall ein negatives Servicegefühl bei der eigenen Bank. Zusätzlich wird auf Mitarbeiterebene ggf. die Nutzung der bankeigenen App aus Unkenntnis verworfen und stattdessen ein Konkurrenzprodukt installiert.

Das beschriebene Szenario lässt sich vermeiden, wenn das Unternehmen zunächst die eigenen Mitarbeiter mit den entsprechenden Services vertraut macht und dafür begeistert. Diese Überzeugung sollte vom Top-Management vorgelebt und durch eine kontinuierliche Weiterentwicklung gepflegt werden. So können bspw. neue Angebote vor Markteinführung intern vom Management und den Beschäftigten getestet werden. Zum einen, um Vertrautheit zu schaffen, zum anderen zur frühzeitigen Erkennung und Behebung potenzieller Probleme.

In der TeamBank wurde für die neu entwickelte Liquiditäts-App „fymio" durch Vorstellungen des Produkts frühzeitig das Interesse der Mitarbeiter geweckt. Bei fymio handelt es sich um eine App, die dem Kunden das Liquiditätsmanagement vereinfachen soll. So kann er seine Ausgaben und Einnahmen analysieren sowie Sparziele setzen. Vor allem aber erhält er auf Basis seines bisherigen Ausgabeverhaltens eine Prognose für seine bis zum nächsten Gehaltseingang verfügbare Liquidität. Für die erste interne Testphase haben sich auf Anhieb 70% aller TeamBank-Mitarbeiter freischalten lassen. Mit Begeisterung haben sie neue Funktionen getestet und Erfahrungen in einem internen Blog transparent wiedergegeben. Dies dient der Identifikation der Mitarbeiter mit ihrer Bank und insbesondere mit den digitalen Services. So lässt sich sowohl Sprechfähigkeit zu neuen Angeboten schaffen als auch die Motivation steigern, Veränderungen anzugehen. Erfolgreich flankiert wird dies durch die Überzeugung und Vorbildfunktion der Führungskräfte und eine konsequente, transparente Informationspolitik innerhalb der Organisation.

3.5 Die easyCredit-Arbeitswelt

Die Verankerung einer nachhaltigen Changemanagement-Kompetenz hat die TeamBank unter anderem mithilfe der easyCredit-Arbeitswelt weiter ausgebaut. Sie stellt einen Eckpfeiler auf dem Weg der digitalen Transformation dar. Um auch zukünftig die nötige Dynamik, Agilität sowie Innovationskraft vorhalten zu können, lag es nahe, auch die neue Arbeitswelt vom Kunden her zu denken und damit anders zu gestalten als konventionelle Bürokonzepte. Das easyCredit-Haus bietet ein architektonisches Highlight und stärkt mit seiner hinter der transparenten Fassade realisierten Arbeitswelt die Loyalität und daraus folgend das außerordentliche Commitment aller Mitarbeiter. Denn es bietet nicht nur einen flexiblen Arbeitsraum, der die Kommunikation stützt, es ermöglicht durch eine „share-rate" auch Zusatzangebote, die auf die individuellen Arbeitsbedürfnisse und Arbeitsweisen der Mitarbeiter abgestimmt sind. Das neue Bürokonzept ermöglicht, dass Teams schneller und effizienter miteinander interagieren können und begünstigt kreative Arbeitsprozesse zwischen den Mitarbeitern nachhaltig. Dies gelingt durch kürzere Wege und vielfältige Vernetzungsmöglichkeiten. Man lernt Kollegen aus anderen Abteilungen und deren Verantwortung unkompliziert kennen und identifiziert so den für das nächste Projekt oder die abteilungsübergreifende Zusammenarbeit richtigen Ansprechpartner einfacher.

Ausgangspunkt für die Überlegungen rund um das neue Arbeitskonzept der TeamBank waren Untersuchungen, die sich mit dem Entstehen von Innovationen und Kreativität beschäftigen. Sie bestätigen, wie wichtig ein inspirierendes Arbeitsumfeld für die Entstehung von Innovationen ist und wie selten dieses in klassischen Bürokonzepten vorzufinden ist. Eine interne Analyse zum Nutzungsverhalten der Arbeits- und Besprechungsräume am „alten" Standort ermittelte zudem eine durchschnittliche Arbeitsplatz-Anwesenheitsrate von rund 60 %. Das Wissen um die bisherige Belegungsrate und Nutzungsart von Büroflächen sowie die im Unternehmen vorhandenen Arbeitsstile – Teamarbeit, Projektarbeit und Wissensarbeit – bildeten die Grundlage eines geeigneten Bürokonzepts: „flexible Arbeitsplatzwahl (activity based working) mit einer share rate". Die komplette Ausgestaltung der Arbeitswelt im easyCredit-Haus reflektiert die unterschiedliche Art der Tätigkeiten sowie die persönlichen Arbeitsbedürfnisse der Mitarbeiter. Sie bietet einen flexiblen Arbeitsraum, der künftige Entwicklungspotenziale berücksichtigt und der durch seine offene, transparente Ausgestaltung die interne Kommunikation stützt.

Wichtigster Aspekt des TeamBank-Konzeptes: Die Mitarbeiter verfügen innerhalb des Open Space der beiden Regelstockwerke über sogenannte Home Bases, in denen die Teams anhand der Kundenprozesskette angesiedelt sind. Die Mitarbeiter können damit das Kundenerlebnis just-in-time steuern und gestalten. So sind z.B. die Mitarbeiter des B2C-Marketings und des Kundenservice-Centers prozessoptimiert nebeneinander angesiedelt, um unmittelbare Rückkopplung der Kundenreaktionen auf entwickelte Maßnahmen zu erhalten und ggf. weitere Maßnahmen aufsetzen zu können. Die vorhandenen Flächen können durch die share rate optimal genutzt werden und bieten alle denkbaren Möglichkeiten zum Austausch, zur Vernetzung sowie zur Zusammenarbeit. Darüber hinaus folgen die umgesetzten Arbeitstypologien dem Prinzip „enabling spaces". So wird nicht nur das Potenzial jedes einzelnen Mitarbeiters gefördert, sondern es wird gleichzeitig auch die Mitarbeiteridentifikation mit easyCredit gestärkt und die Weiterentwicklung der transparenten Arbeits- und Führungskultur gefördert. Im Erdgeschoss findet die „Projekt Zone" mit Arbeitsplätzen für die „Change-the-bank"-Themen ihren Platz. Im dritten Geschoss befindet sich der Vorstandsbereich, der in Arbeitsplatztypologien und -ausstattung exakt so gestaltet ist wie die Arbeitsplätze aller anderen Mitarbeiter. Zusätzlich finden sich hier Tagungs- und weitere Besprechungsräume für größere Gruppen. Im Inneren und damit im Herzen des Gebäudes liegen jeweils Meet-and-Create-Zonen.

Hier soll die zufällige, spontane Begegnung gefördert werden. Dafür stehen innerhalb der informellen Arbeitsbereiche verschiedene Lounge-Bereiche und Coffee Points zur Verfügung, die für den privaten Austausch, aber auch zur Vernetzung und für Besprechungen geeignet sind. Rund 180 informelle Arbeitsplätze wie z.B. Diner, normale Tische, Hochtische oder Rundsofas sind mit modernster Medientechnik ausgestattet und laden zur kreativen Zusammenarbeit ein (TeamBank AG, 2015). Verbunden mit der bereits seit Jahren intensiv entwickelten Führungs- und Teamkultur findet die innovative easyCredit-Arbeitswelt nicht nur extern große Beachtung, sie fördert auch nachhaltig das Commitment bestehender und künftiger Mitarbeiter.

3.6 Digitalisierung als Nutzenstifter und Wachstumsmarkt

Die Digitalisierung beeinflusst nicht nur das Bankenumfeld in zunehmendem Maße. Der Wachstumsmarkt E-Commerce befindet sich weltweit und auch in Deutschland im Auftrieb. Konsumierten Deutsche in 2015 im Non-Food-Sektor noch 39,8 Milliarden Euro online, stieg der Umsatz im Onlinegeschäft in 2016 auf 52,3 Milliarden Euro – mehr als eine Verdopplung seit 2010 (23 Milliarden Euro, siehe IFH, 2016). Ermöglicht durch die Digitalisierung, begann sich der E-Commerce-Markt ab dem Jahr 2000 zu formen. Seitdem wächst der Umsatz kontinuierlich. Riesige Onlinehändler wie Amazon und Zalando sind aktuell im Vorteil, denn sie haben rechtzeitig erkannt, dass das Onlinegeschäft nur profitabel wird, wenn die Bearbeitungskosten minimiert werden. So wurden schlanke, weitestgehend automatisierte und vollständig auf den Benutzer ausgerichtete Prozesse geschaffen. Auf diese Weise gelingt, es dem Kunden in seiner Mobilität möglichst viele Kontaktpunkte bieten zu können und gleichzeitig geringe Kosten pro Bestellung zu erzielen. Zusätzlich befähigen vereinfachte Authentifizierungsverfahren den Kunden, jederzeit synchronisierte Inhalte, unabhängig von seinem Endgerät, Ort und Uhrzeit aufzurufen und sofort zu bestellen. Die durchschnittliche Losgröße je Online-Bestellung lag in 2015 bei 134 Euro und war damit mehr als doppelt so groß wie offline (HDE, 2016). Dies lässt auf einen interessanten Markt, insbesondere für Finanzierungen, schließen. Einige Händler bedienen diesen bereits durch Kooperationen mit Banken. Viele kleine und mittelständische Unternehmen sind jedoch noch nicht in der Lage, in ihren Online-Shops und am PoS adäquate Lösungen bereitzustellen.

Den E-Commerce-Markt hat auch die TeamBank als Spezialist im Liquiditätsmanagement für sich erkannt und ein perfekt auf die Kundenbedürfnisse am point-of-purchase zugeschnittenes Produkt entwickelt: RatenKauf by easyCredit. Hierbei kommt eine einheitliche Prozessstrecke zum Einsatz, die einen sehr einfachen, schnellen und kostengünstigen Prozess sicherstellt. Der Händler erhält mit der Lösung der TeamBank die Möglichkeit, Online- und Filialkunden die gleichen Finanzierungslösungen anzubieten, und muss gleichzeitig mit nur einem Anbieter verhandeln. Die Nutzung bereits bestehender Schnittstellen ermöglicht es der TeamBank, dem Kunden bestehende Services, wie die easyCredit-App oder das entsprechende Kundenportal, anzubieten. Dort lassen sich neben persönlichen Daten auch die verbleibende Laufzeit und der Restkreditbetrag sowie die Ratenhöhe einsehen und bearbeiten. Neben der Erschließung eines neuen Geschäftsfeldes bietet der Onlinemarkt einen weiteren und nicht zu unterschätzenden Vorteil: Kunden, die zuvor keine Kontaktpunkte zu easyCredit oder den Volksbanken Raiffeisenbanken hatten, können im Zuge eines Ratenkaufs vom Servicegedanken und den Angeboten der Genossenschaftlichen Gruppe überzeugt werden. Dieser Aspekt spiegelt das Selbstverständnis der TeamBank wider, den Volksbanken Raiffeisenbanken einen Mehrwert zu bieten (hier Kundenzuführung). Dies gelingt mit einem herausragenden Kundenerlebnis entsprechend einfacher. Im Fall RatenKauf by easyCredit haben 76% der Kunden ihre Bankverbindung bei einer Fremdbank. Dies unterstreicht das hohe Neukundenzuführungspotenzial für die Genossenschaftliche FinanzGruppe.

4 Fazit

Die Bankenlandschaft befindet sich aktuell in einem schwierigen Makroumfeld, geprägt von einer anhaltenden Niedrigzinsphase und erdrückender Regulation – die Aussichten sind prekär. Die nun auch den Bankensektor erreichende Welle der Digitalisierung, die sich momentan durch alle Gesellschaftsbereiche zieht, wird durch die bestehende Problematik nur forciert. Verstärkt durch das disruptive Vorgehen zahlreicher FinTechs, sind Banken aufgefordert, umzudenken. Dieser Änderungsprozess muss vom Kunden ausgehen und mithilfe eines geschickten Changemanagements alle Mitarbeiter begeistern. Die digitale Transformation muss von Kreditinstituten gemeistert werden, um wieder eine aussichtsreiche Perspektive zu erhalten und die Kerngeschäftsfelder zu sichern. Gefordert sind eine Vernetzung der Services und die Schaffung eines durchgängigen Kundenerlebnisses. Es gilt, einen Neuanfang zu wagen und dabei stets die Veränderung der Kundenbedürfnisse im Auge zu behalten, denn die Digitalisierung wird anhaltende Veränderungen schaffen. Die benötigten Rahmenbedingungen schaffen flexible und dynamische Arbeitswelten, die Innovation fördern und Changemanagement unterstützen und erlebbar machen. Auf diese Weise können zudem Werte und Ziele des Unternehmens ausgezeichnet in den Arbeitsalltag integriert und vorgelebt werden.

Neben allen Widrigkeiten bietet die Digitalisierung eine große Chance zur Verbesserung des Services und einer Neuausrichtung hin zu mehr Individualität. Konsequent gelebte Digitalisierung im Zusammenspiel mit agilen IT-Strukturen eröffnet zusätzlich neue Geschäftsfelder und kann, bei frühzeitiger Erkennung, unterstützen neue langfristige Wachstumsmärkte zu identifizieren und erobern.

Literatur

BankBlog (2016). Arbeit 4.0 ist für Banken mehr Chance als Bedrohung URL https://www.der-bank-blog.de/arbeit-4-0-banken-chance/digital-banking/24110/ [zuletzt aufgerufen am 08.11.2016].

Bundesverband Informationswirtschaft, Telekommunikation und neue Medien e. V. (Bitkom) (2015). 44 Millionen Deutsche nutzen ein Smartphone. Berlin. URL http://www.bitkom-research.de/WebRoot/Store19/Shops/63742557/5512/871D/66D0/C7BE/CB7E/C0A8/2BB9/ABB5/BITKOM-Presseinfo_Smartphone_Nutzung_25_03_2015_final.pdf. [zuletzt aufgerufen am 12.09.2016].

BurdaForward GmbH (2016). Mobile Effects 2016. Wie wir Smartphone und Tablet im Alltag nutzen. URL http://www.burda-forward.de/uploads/tx_mjstudien/BF_Digitalmarkt_MobileEffects2016.pdf [zuletzt aufgerufen am 12.09.2016].

Com! Professional (2016). Jeder zweite Bankkunde nutzt schon FinTech. URL http://www.com-magazin.de/news/business-it/zweite-bankkunde-fintech-1146605.html [zuletzt aufgerufen am 08.11.2016].

Deutsche Bundesbank (2016). Aufstockung Anleihe des Bundes – Tenderergebnis. Frankfurt am Main. URL https://www.bundesbank.de/Redaktion/DE/Downloads/Presse/Pressenotizen/2016/2016_10_05_tenderergebnis.pdf?__blob=publicationFile [zuletzt aufgerufen am 21.10.2016].

Bundesverband Informationswirtschaft, Telekommunikation und neue Medien e. V. (Bitkom) (2015). Smartphone wird zum Geldbeutel und zur Bankfiliale. URL https://www.bitkom.org/Presse/Presseinformation/Smartphone-wird-zum-Geldbeutel-und-zur-Bankfiliale.html [zuletzt aufgerufen am 12.09.2016].

Bundesverband der deutschen Volks- und Raiffeisenbanken (BVR). Bankenumfeld. Interne Unterlage.

Capital (2016). FINTECHS - REVOLUZZER OHNE GESCHÄFTSMODELL. URL http://www.capital.de/dasmagazin/fintechs-revoluzzer-ohne-geschaeftsmodell.html [zuletzt aufgerufen am 12.09.2016].

Polenz, C. (2015). Konsequent vom Kunden her gedacht – Agiles Banking 4.0. URL https://www.boersen-zeitung.de/bzpro/sonderbeilage/2015/BZ_150701.pdf [zuletzt aufgerufen am 12.09.2016].

Deutsche Bank AG (2016). Online, Mobile und Filiale: Das Digitale Ökosystem der Deutschen Bank. URL https://www.db.com/newsroom_news/160419_Praesentation_Dr_Markus_Pertlwieser.pdf [zuletzt aufgerufen am 12.09.2016].

Die Welt (2016). Währungshüter warnt vor „Zombiebanken". Die Welt [Print-Ausgabe vom 29.09.2016].

Europäische Zentralbank (EZB) (2016). Geldpolitische Beschlüsse. URL https://www.ecb.europa.eu/press/pr/date/2016/html/pr160908.de.html [zuletzt aufgerufen am 12.09.2016].

Europäische Zentralbank (EZB) (2016). Economic Bulletin. URL https://www.ecb.europa.eu/pub/pdf/ecbu/eb201605.en.pdf [zuletzt aufgerufen am 12.09.2016].

Handelsblatt (2016). Wer seid Ihr und wenn ja, wie viele? URL http://www.handelsblatt.com/finanzen/anlagestrategie/trends/fintech-in-deutschland-wer-seid-ihr-und-wenn-ja-wie-viele/13041226.html [zuletzt aufgerufen am 12.09.2016].

Handelsverband Deutschland (HDE) (2016). Handel Digital. Online-Monitor. URL http://www.einzelhandel.de/index.php/online-monitor/item/download/9659_b68d173708ade4771c2-d095a05f7bc3d [zuletzt aufgerufen am 12.09.2016].

Institut für Handelsforschung (IFH) (2016). IFH Studie, wuv-online. URL http://www.wuv.de/specials/online_shopping/onlinehandel_in_deutschland_knackt_50_milliarden_euro_marke [zuletzt aufgerufen am 11.11.2016].

Nink, M. (2014). Engagement Index. Die neuesten Daten und Erkenntnisse aus 13 Jahren Gallup Studie.
Nymi (2016). Product Overview. URL https://nymi.com/product_overview [zuletzt aufgerufen am 12.09.2016].
Lister, M. (2015). Die Perspektive deutscher Kreditinstitute unter dem Druck von Niedrigzinsen, Regulierung und Digitalisierung. 19. Banken-Symposium - european center for financial services. Duisburg, 15.09.2015.URL http://zeb-bs.de/pdf/bankensymposium2015_lister.pdf [zuletzt aufgerufen am 12.09.2016].
Reuters (2015). INSIGHT-Warum sich Banken und Investoren auf FinTechs stürzen. URL http://de.reuters.com/article/deutschland-banken-fintechs-idDEKCN0RS0G320150928 [zuletzt aufgerufen am 12.09.2016].
Synergie Effekt (2014). Shitstorm ahoi! Wie ING-DiBa ihre Social Media Krise bewältigte und daraus lernte. URL http://synergie-effekt.net/shitstorm-ingdiba [zuletzt aufgerufen am 12.09.2016].
TeamBank AG. Kernelemente der IT-Architektur der TeamBank. Interne Unterlage.
TeamBank AG Omnikanal-Ansatz der vernetzten Welt. Interne Unterlage.
TeamBank AG (2015). Geschäftsbericht. Nürnberg. URL https://www.easycredit.de/dokumente/geschaeftsbericht_easycredit_2015.pdf [zuletzt aufgerufen am 12.09.2016].
TeamBank AG (2015). Arbeitswelt, 2015. Interne Unterlage.
TeamBank AG (2016). Charakteristik Omnikanal, 2016. Interne Unterlage.
TechChrunch (2016). Watson Financial Services i born out of IBM's purchase of Promontory Financial Group. URL https://techcrunch.com/2016/09/29/watson-financial-services-is-born-out-of-ibms-purchase-of-promontory-financial-group/ [zuletzt aufgerufen am 30.09.2016].
The Economist (2016). The desperation of independents. Stubbornly low interest rates may mean the end of central-bank autonomy. URL http://www.economist.com/news/finance-and-economics/21703372-stubbornly-low-interest-rates-may-mean-end-central-bank-autonomy, zuletzt aktualisiert am 06.08.2016 [zuletzt aufgerufen am 12.09.2016].
Veuve, A. (2016). Die Verwirrung um die Disruption. URL: http://www.alainveuve.ch/die-verwirrung-um-die-disruption/ [zuletzt aufgerufen am 20.09.2016].

Stefan Schindler

Die Bankfiliale der Zukunft als Bindeglied zwischen virtueller und realer Welt

1 Einleitung

Es dauerte fast 20 Jahre, bis die ersten, in den 1960er-Jahren gegründeten Direktbanken nennenswerte Markterfolge erzielen konnten. Namentlich war der Bildschirmtext (BTX), der von der Deutschen Bundespost im Jahr 1985 eingeführt wurde, Triebfeder für ein Geschäftsmodell, das erstmals den direkten Kontakt zwischen Kunden und Bank über Fernkommunikation ermöglichte. Mit dem Siegeszug des Internets revolutionierte sich auch die Kunden-Bank-Beziehung nachhaltig. In nahezu allen Lebenslagen, in der Arbeitswelt und auch in der privaten Interaktion, nutzen Menschen digitale Funktionen wie selbstverständlich.

Auf das neue Spannungsfeld zwischen persönlichem Kontakt und digitaler Abwicklung im Retail-Banking reagierten die Filial-Banken mit eigenen Onlinebanking-Zugangswegen und dem Multikanal-Banking. Wer jedoch das Heft des Handelns in der Hand behalten will, muss weiter gehen. Es genügt nicht, eine Direkt-Bank parallel zur Filial-Bank zu betreiben: Die Bankfiliale der Zukunft muss zum Bindeglied zwischen virtueller und realer Welt werden und an einem physisch besuchbaren Ort ein Omnikanal-Angebot schaffen, das sowohl die Bedürfnisse technikaffiner Kunden erfüllen als auch dem Wunsch nach persönlicher Beratung und dem Service von Mensch zu Mensch gerecht werden kann.

Insbesondere eine regional tätige Genossenschaftsbank wie die Sparda-Bank Nürnberg ist ihren Mitgliedern und damit ihren Anteilseignern in besonderem Maße verpflichtet. Dabei ist es unser Anspruch, allen Bevölkerungsgruppen ein vorteilhaftes Angebot zu bieten. Unsere genossenschaftlichen Werte wie Solidarität, Fairness und Partnerschaft gelten für alle Mitglieder, unabhängig von ihrer persönlichen finanziellen Situation und unabhängig von ihrem Alter. Die Genossenschaft herkömmlicher Prägung befindet sich im Wandel. Sie wird zur Community, in der die Mitglieder mitgestalten und mitbestimmen. Durch die Transformation des Genossenschaftsgedankens in die digitale Welt schlagen wir ein neues Kapitel im Buch der kundenorientierten Finanzdienstleistungen auf, mit der Bankfiliale neuer Prägung als Garant für eine nachhaltige Kundenorientierung.

https://doi.org/10.1515/9783110525748-007

2 Meilensteine in der 85-jährigen Kundenorientierung der Sparda-Bank Nürnberg

Im Dezember 1930 wurde die Sparda-Bank Nürnberg als Selbsthilfeorganisation der Eisenbahner zur gegenseitigen Unterstützung gegründet. In den 1950er-Jahren löste das Girokonto die Lohntüte ab, die Umstellung auf den bargeldlosen Zahlungsverkehr begann. Bei der Sparda-Bank Nürnberg wurde das Girokonto bereits damals gebührenfrei angeboten – bis zum heutigen Tag ist das gebührenfreie Girokonto Kern unserer Kundenbeziehung.

In den 1960er-Jahren hielt eine EDV-basierte Organisationsstruktur Einzug in die Bank. In den 1970er-Jahren öffnete sich die Sparda-Bank Nürnberg allen Mitarbeitern des öffentlichen Dienstes, und in den 1980er-Jahren erweiterte die Bank ihren Mitgliederkreis auf alle Lohn-, Gehalts- oder Rentenempfänger. Damit wurden die Weichen zu mehr Wettbewerbsfähigkeit und kontinuierlichem Wachstum gestellt. Ein weiterer Meilenstein im Kundenservice war die ec-Karte und der Euroscheck. Nun konnten sich Sparda-Bank-Kunden auf Auslandsreisen Bargeld in Landeswährung beschaffen und bargeldlos bezahlen. Bereits 1983 erweiterte die Sparda-Bank den ec-Service und nahm den ersten Geldausgabeautomaten in Betrieb.

Und die Entwicklung ging weiter: In den 1990er-Jahren wurden Kontoauszugsdrucker, SB-Banking, Internet-Banking und Telefon-Banking eingeführt. Unsere Mitglieder wurden unabhängig von Banköffnungszeiten und erledigten ihre Bankgeschäfte in Eigenregie. Auch der Filialausbau schritt voran: Letzte weiße Flecken auf der Nordbayernkarte wurden geschlossen.

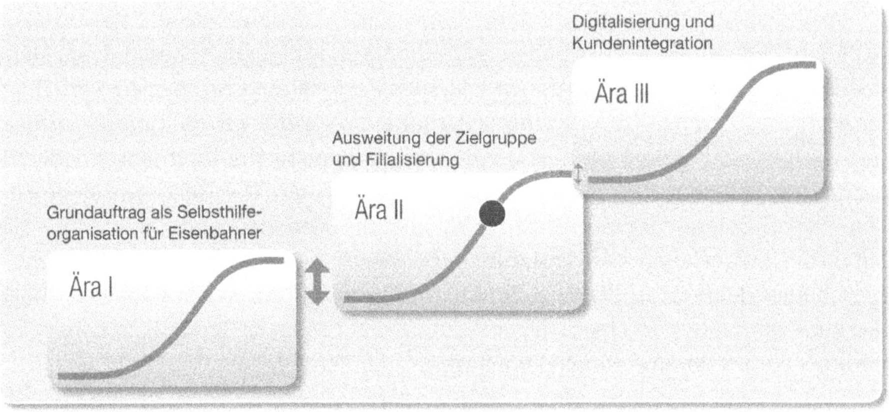

Abb. 1: Meilensteine der Kundenorientierung (Quelle: Sparda-Bank Nürnberg)

Heute unterhält die Sparda-Bank Nürnberg 17 Filialen und 6 SB-Center. Mit über 210.000 Mitgliedern ist die Bank die mitgliederstärkste Genossenschaftsbank in

Nordbayern. Circa 3,35 Milliarden Euro Bilanzsumme, 1,8 Milliarden Euro Baufinanzierungsvolumen und über 3 Milliarden Euro Kundeneinlagen stehen für ein solides Fundament und kontinuierliches Wachstum (siehe Abbildung 1).

3 Herausforderungen für die Zukunft

Fünf Einflussfaktoren führen zu einem Wandel beim Retail-Banking (siehe Abbildung 2).

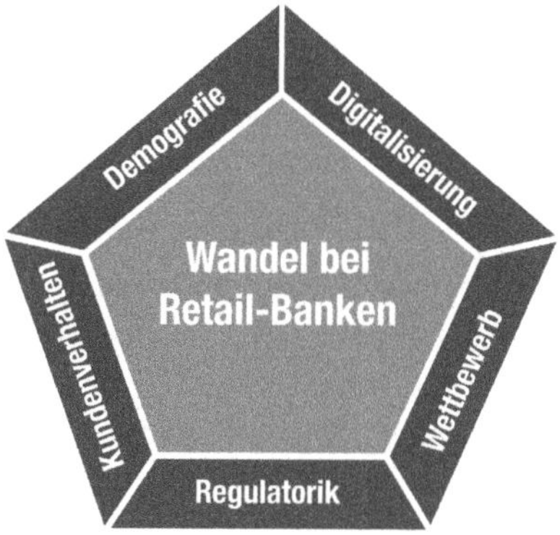

Abb. 2: Wandel bei Retail-Banken (Quelle: Sparda-Bank Nürnberg)

3.1 Demografie

Fünf Generationen zählen heute zu den Mitgliedern der Sparda-Bank. Ihre Interessen, Werte und Erwartungen könnten unterschiedlicher nicht sein. Sie alle gilt es in der genossenschaftlichen Community zu vereinen. Die Kriegsgeneration (geboren vor 1945) ist heute im Rentenalter. Ihre Werte sind durch die Kleinfamilie und eine klare Rollenverteilung, insbesondere für Frauen, definiert. Die Generation der Baby-Boomer (geboren 1945–1960) ist im Kalten Krieg aufgewachsen. Diese Generation hat über ihr politisches Engagement die Entwicklung der Bundesrepublik entscheidend beeinflusst. Die Generation X (geboren 1961–1980) wurde durch Mauerfall und Wiedervereinigung geprägt und hat die digitalen Veränderungen insbesondere am Arbeitsplatz getragen. Die Generation Y (geboren 1981–1995) gehört zu den Native Usern von digitalen Endgeräten. Die Generation Z (geboren nach 1995) ist während der Globalisierung, Wirtschaftskrisen und Migrationsbewegungen groß geworden.

Ihr Leben ist ohne Tablet und Smartphone und ohne Social Communities nicht vorstellbar.

3.2 Digitalisierung

Die Digitalisierung schreitet in allen Lebensbereichen voran. Heute basiert 90 % der Mediennutzung auf Bildschirmen: Smartphone, Laptop/PC, Tablet und Fernsehgerät haben klassische Printmedien abgelöst und führen zu einem immer geübteren Umgang mit elektronischen Endgeräten. Damit steht auch die Finanzdienstleistungsbranche vor tiefgreifenden Veränderungen: 76 % der Bevölkerung sind täglich privat oder geschäftlich online, 38 % der Bankkunden in Deutschland nutzen Onlinebanking. Bei der Sparda-Bank Nürnberg sind es bereits über 50 % der Kunden.

3.3 Wettbewerb

Der Wettbewerb im Privatkundengeschäft hat sich in den vergangenen Jahren verschärft und wird sich voraussichtlich weiter verschärfen und zu einem Verdrängungswettbewerb führen. Das Niedrigzinsumfeld begünstigt diesen Trend. Banken, die in der privaten Wohnbaufinanzierung bislang eher zurückhaltend waren und diese nur zur Komplettierung ihres Portfolios nutzten, entdecken hier auf einmal einen Wachstumsmarkt, der helfen soll, rückläufige Margen auszugleichen. FinTech-Unternehmen, deren Geschäftsmodelle mitunter nicht einmal der Regulierung unterstehen, picken sich Rosinen aus dem Kuchen, stürzen sich gezielt auf interessante Segmente der Wertschöpfungskette und setzen damit klassische Vollbanken unter Druck.

3.4 Regulatorik

Die Bankenwelt wird derzeit mit einer Vielzahl von regulatorischen Anforderungen und engen Umsetzungsfristen konfrontiert. Das übergeordnete Ziel der Regulatorik, das Finanzsystem zu stabilisieren und die Eigenkapital- und Liquiditätsausstattung zu verbessern, ist angesichts der Erfahrungen aus der Finanz- und Staatsschuldenkrise zwar ein hehres Anliegen, wenngleich insbesondere Genossenschaftsbanken hiervon in der Vergangenheit kaum betroffen waren. Der gewaltige Kostendruck, der durch regulatorische Maßnahmen entsteht, und die Bindung von Ressourcen für deren Umsetzung sind jedoch angesichts der Niedrigzinsphase eine besondere Herausforderung.

3.5 Kundenverhalten

Digitalisierung und Vernetzung treffen zunehmend alle Lebensbereiche des Menschen. Das führt zu veränderten Ansprüchen an Produkte und Dienstleistungen und wälzt so ganze Branchen um. Auch die Branche der Finanzdienstleistungen. Die Kunden der Sparda-Bank Nürnberg sind bereits an den Multikanalzugang gewöhnt (siehe Abbildung 3). Daher ist mit einer steigenden Nachfrage nach Finanzdienstleistungen auf allen Kanälen zu rechnen.

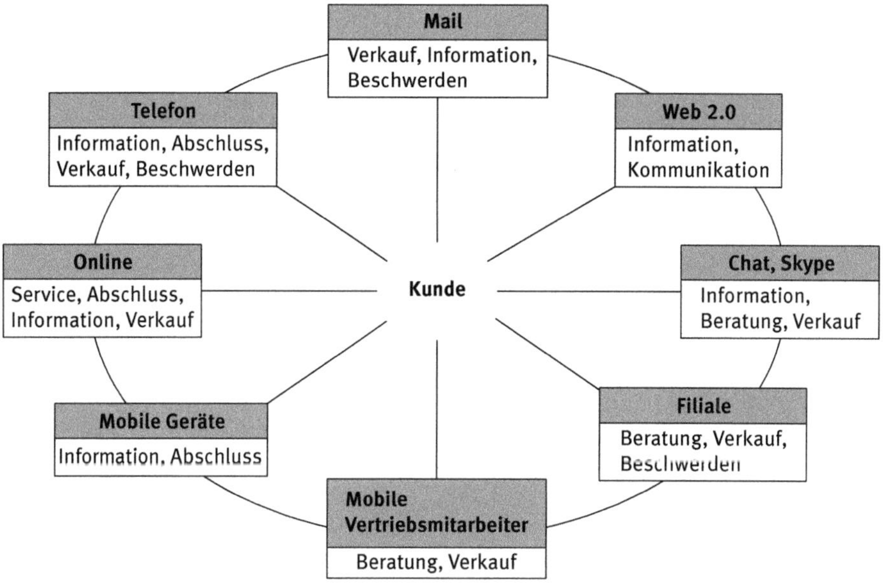

Abb. 3: Multikanalzugang zu Bankdienstleistungen (Quelle: Sparda-Bank Nürnberg)

- **Wünsche der Kunden**
  - Kontakt zur Bank über alle Kanäle
  - Abschlussmöglichkeit über alle Kanäle
  - Individuelle, spontane Entscheidung über die Kanalnutzung
- **Anforderungen an Banken**
  - Konstante Kunden-Berater-Beziehung unabhängig von der Kanalnutzung
  - Kanalübergreifende persönliche Beratung
  - Einheitlicher Auftritt über alle Kanäle hinweg

4 SpardaZukunfts-Radar

Abb. 4: SpardaZukunfts-Radar (Quelle: Sparda-Bank Nürnberg)

Das SpardaZukunfts-Radar (siehe Abbildung 4) beschreibt die bedeutendsten Entwicklungen in Wirtschaft und Gesellschaft und die daraus erwachsenden Chancen und Risiken. Darüber hinaus identifiziert es Zukunftschancen und erweitert so den Handlungs- und Gestaltungsspielraum (siehe Tabelle 1).

Tab. 1: Zukunftsannahmen aus dem SpardaZukunfts-Radar projiziert auf die Jahre ab 2025 (Quelle: Sparda-Bank Nürnberg)

2025+	Die meisten Kunden erledigen ihre Bankgeschäfte per Internet. Virtuelle Beratungen sind die Regel, auch außerhalb der Filial-Öffnungszeiten.
2025+	Über 50 % der Kunden schließen beratungsintensive Produkte digital ab. Höchstens 50 % der Kunden nutzen dafür die Face-to-face-Beratung.
2025+	90 % der Kunden kaufen einfache Retail-Produkte online. Nur noch 10 % wünschen hierfür eine persönliche Beratung.
2025+	Kunden erwarten persönliche Beratung zu den Öffnungszeiten des Einzelhandels. Die Filiale wird zum Bindeglied in die virtuelle Welt und zum Kontaktzentrum.
2025+	Ein Großteil der Kunden will den persönlichen Kontakt zu einem Berater. Der Berater muss erreichbar sein, physisch oder online.
2025+	Bei der Wahl der Bankverbindung sind attraktive Konditionen wichtiger denn je.

5 Zukunftsfragen im Fokus

5.1 Wie sieht 2025+ das Genossenschaftsmodell der Zukunft aus?

Mitreden und mitgestalten: Das Genossenschaftsmodell der Zukunft entwickelt die Erfolgsfaktoren der Genossenschaftsbank weiter zur Mitglieder-Community. Jedes Community-Mitglied zeichnet mindestens einen Genossenschafts-Anteil in Höhe von 52 Euro und erhält dafür eine attraktive Dividende. Über die Wahl der Vertreterversammlung und des Aufsichtsrats können die Mitglieder ihr Mitbestimmungsrecht wahrnehmen. Dabei hat jedes Mitglied eine Stimme, unabhängig von der Anzahl der gezeichneten Genossenschaftsanteile. Darüber hinaus lädt die Bank zu Kundenforums-Gesprächen ein und holt die Meinung der Mitglieder zur Ausgestaltung des Angebotes und der Services ein. Über soziale Netzwerke und Online-Tools können Mitglieder direkt Einfluss auf das gesellschaftliche Engagement der Bank nehmen und mitentscheiden, welche sozialen und kulturellen Projekte und welche Projekte zur Nachhaltigkeit und im Umweltschutz gefördert werden sollen.

Vorteilsangebote für Mitglieder: Sparda-Bank-Mitglieder erhalten als Anteilseigner ihrer Bank besondere Mitglieder-Vorteile. Hier ist an erster Stelle das Sparda-Girokonto zu nennen, das wir seit Einführung des bargeldlosen Zahlungsverkehrs gebührenfrei anbieten. Alle Buchungen sind inklusive, auch beleghafte Überweisungen. Durch ein Lohn-, Gehalts- oder Rentenkonto bei der Sparda-Bank sparen sich Sparda-Bank-Mitglieder mitunter über 200 Euro an Gebühren pro Jahr. Die Sparda-Bank Nürnberg ist einer der führenden Baufinanzierer in der nordbayerischen Region. Baufinanzierungen werden nur an Mitglieder herausgelegt, zu besonders attraktiven Konditionen. Das belegen auch unabhängige Vergleichstests. So wurde die Sparda-Bank Nürnberg zum Beispiel in 2015 von der Zeitschrift Finanztest zum Baufinanzierer des Jahres gekürt. Auch der SpardaSofortkredit ist für Mitglieder reserviert. Er kann in den Filialen oder per Internet beantragt werden. Ein besonderes Augenmerk legt die Bank auf die Wohlstandssicherung. In Kooperation mit unseren Partnern Union Investment und DEVK Versicherungen berät die Bank im Vermögensaufbau, der Altersvorsorge und in der strukturierten Vermögensverwaltung.

Verantwortung für unser Gemeinwesen: Als regional verankerte Bank leistet die Sparda-Bank einen aktiven Beitrag zur Förderung des Gemeinwesens in ihrer Region. Wir unterstützen kulturelle Veranstaltungen, die bei freiem Eintritt besucht werden können, und vor allem soziale Projekte zur Bildung und Integration von Kindern und Jugendlichen. Im Bildungsbereich veranstalten wir unter dem Motto „SurfSafe" seit 2010 im gesamten Geschäftsgebiet Schulungen zur Vermittlung von Medienkompetenz für Schülerinnen und Schüler. Insgesamt wurden unsere Schulungs-Veranstaltungen in Nordbayern bereits von mehr als 60.000 Kindern und Jugendlichen besucht. Beim Förderwettbewerb „Sparda macht's möglich" laden wir Vereine, Schulen und Kitas aus ganz Nordbayern dazu ein, gemeinnützige Projekte in den Kategorien „Umwelt schützen und entdecken", „Gemeinschaft leben und stärken" und „Kunst und Kultur erleben" zu präsentieren und sie über eine extra eingerichtete Internetseite einem breiten Publikum vorzustellen. 197 Einrichtungen beteiligten sich im Jahr 2016 an unserem Förderwettbewerb. Über 90.000 Internet-User gaben über ein Voting ihre Stimme zu den Projekten ab.

5.2 Wie sieht 2025+ die Filiale der Zukunft aus?

Die Filiale der Zukunft – ein Treffpunkt für die Gemeinschaft und ein Ort der Begegnung:

Während die Bankfilialen der Vergangenheit mit ihren panzerglasgesicherten Kassen vor allem die Bargeldversorgung für Millionen von Girokonto-Inhabern sicherstellen mussten, haben die Bankfilialen heute andere Aufgaben übernommen. Bargeld gibt's an jeder Ecke und das Bezahlen von Einkäufen per ec- und Kreditkarte ist aus unserem Leben nicht mehr wegzudenken. Heute steht in der Bankfiliale die kompetente, individuelle Beratung im Vordergrund. Und morgen?

Die Filiale der Zukunft – Digitalisierung zum Nutzen und Vorteil der Kunden: Die Filialen der Sparda-Bank Nürnberg sind auch in der Zukunft das Herzstück der Bank. Allerdings bleibt auch hier die Entwicklung nicht stehen. Die Digitalisierung unseres Lebens schreitet mit großen Schritten voran. E-Mails, Apps, Messenger-Dienste: Dies alles nutzen wir heute ganz selbstverständlich. Wir sind daran gewöhnt, Waren im Internet zu bestellen, navigieren uns mit dem Smartphone durch unbekannte Orte und lesen gleich mehrere Zeitungen auf dem Tablet. Die Hälfte aller Sparda-Bank-Kunden erledigt alltägliche Bankgeschäfte bereits von zu Hause aus über den PC und immer mehr laden sich eine SpardaApp aufs Smartphone oder Tablet, um jederzeit und überall über Kontobewegungen auf dem Laufenden zu sein, Überweisungen auszuführen oder Gesprächstermine in der Filiale zu vereinbaren.

Die Filiale der Zukunft wird zum Bindeglied in die virtuelle Welt und zum Kontaktzentrum: Unser neuer Filialtyp verbindet die digitalen Erfordernisse unserer Zeit mit der menschlichen Filiale. Er verbindet die räumliche und zeitliche Flexibilität, die keiner mehr missen will, mit der lokalen Kompetenz und Präsenz vor Ort. Die Filiale wird zu einem Ort, an dem man sich gerne aufhält, zu einem Ort der Begegnung von Kunden untereinander und von Kunden mit den Mitarbeitern der Bank. So wie auch der Einzelhandel in unseren Innenstädten immer mehr Orte des Erlebniseinkaufs schafft und Markenstores zu Publikumsmagneten werden, lädt auch die neue Sparda-Bank dazu ein, den Bankbesuch entspannt und locker zu genießen.

SpardaForum: Diesem Begegnungs- und Event-Bereich wird in der Filiale viel Raum gegeben (siehe Abbildung 5). Hier finden während und außerhalb der üblichen Geschäftszeiten interessante Informationsveranstaltungen zu Themen statt, die unter den Nägel brennen. So informieren sowohl Spezialisten der Bank als auch freie Referenten über vielfältige Finanzthemen: Geldanlage und Vorsorge, Erben und Vererben, Erwerb von Wohneigentum, Modernisieren, Sanieren und des altersgerechter Eigenheimumbau. In Talkrunden stehen der Vorstand der Bank sowie Vertreter der kommunalen Selbstverwaltung und des öffentlichen Lebens den Besuchern Rede und Antwort. In unserer Kundenwerkstatt können Mitglieder ihre Vorstellungen zur Entwicklung ihrer Bank und der Angebote und Services einbringen. Veranstaltungen zu Fragen der Bildung und Medienkompetenz sowie zu Herausforderungen im Bereich der Nachhaltigkeit und des Umweltschutzes gehören ebenso zu den Eventformaten des SpardaForums wie unser kulturelles und soziales Engagement.

Abb. 5: Beispiel Filiale Aschaffenburg – Eingangsbereich mit SpardaForum (rechts) und Beratungsinsel zur Kurzberatung (links) (Quelle: Sparda-Bank Nürnberg)

SpardaWelt: An einem großformatigen Bildschirm mit Touchscreen-Technik führt ein Berater gerne durch die Sparda-Welt (siehe Abbildung 6). Er zeigt die Möglichkeiten zur Mitgestaltung und Mitbestimmung bei der Sparda-Bank auf, stellt das Filialteam vor Ort vor, führt durch unsere Angebote und demonstriert unser Engagement für die Gemeinschaft, für Bildung, soziale Projekte, Kultur und Nachhaltigkeit. Natürlich kann sich auch jeder Kunde und Interessent selbst und ohne Berater durch einfaches Berühren des Bildschirms über die SpardaWelt informieren.

Abb. 6: Beispiel Filiale Aschaffenburg – Großformatiger, interaktiver Bildschirm (Touchscreen) in der SpardaWelt (Quelle: Sparda-Bank Nürnberg)

SpardaCafé-Bar: Einfach einmal vorbeischauen: Bargeld am Geldautomaten abheben und danach eine Tasse Kaffee trinken oder sich ein paar Minuten der Entspannung während des Einkaufsbummels gönnen. In der kleinen Café-Bar (siehe Abbildung 7) kann jedes Sparda-Bank-Mitglied kostenlos eine Tasse Kaffee in einer der vielen Sitzmöglichkeiten genießen.

Abb. 7: Beispiel Filiale Fürth – SpardaWelt mit Café-Bar (Quelle: Sparda-Bank Nürnberg)

W-LAN: E-Mails checken, WhatsApp-Nachrichten lesen, mal eben nachschauen, was im Kino läuft: kein Problem. Die Filiale ist mit einem kostenlosen W-LAN ausgestattet. Einmal anmelden, W-LAN-Zugangsdaten speichern und schon ist man via Smartphone oder Tablet mit der ganzen Welt verbunden.
Videoberatung: Der persönlichen Beratung wird in der neuen Sparda-Bank besondere Aufmerksamkeit gewidmet. Abseits des geschäftigen Treibens laden mehrere ruhige Beratungszimmer zum Beratungsgespräch ein. Wer keine Zeit oder Lust hat, zur Beratung in die Filiale zu kommen, kann in Zukunft auch eine Videoberatung nutzen (siehe Abbildung 8). Der Kunde sitzt bequem zu Hause, der Berater in einem Büro. Per Bildschirm können Kunde und Berater dann ganz einfach persönlich miteinander sprechen. Dies wird über jeden PC, jedes Tablet und jedes Smartphone mit Kamera und stabiler Internetverbindung möglich sein. Aber auch für besondere Themen wird die neue Videoberatung zur Verfügung stehen. Hier können bei Bedarf Spezialisten für einzelne Themen zu einem Beratungsgespräch zugeschaltet werden.

Abb. 8: Beispiel Videoberatung (Quelle: Sparda-Bank Nürnberg)

SpardaWohlfühlradar: Wer mit seinem Filialbesuch zufrieden war, kann uns dies einfach durch Berühren eines Zufriedenheits-Smileys auf einem Tablet mitteilen (siehe Abbildung 9). Eine detaillierte Zufriedenheitsabfrage im Multiple-Choice-Verfahren kann bei einer Tasse Kaffee an der Café-Bar erfolgen. Das hilft uns, besser zu werden und weiter an der Zufriedenheit unserer Kunden zu arbeiten. Das Voting wird übrigens sofort online an die Bankkunden-Plattform „gute-banken.de" übertragen.

Abb. 9: Beispiel Filiale Fürth – SpardaWohlfühlradar (Quelle: Sparda-Bank Nürnberg)

5.3 Was sind die Herausforderungen der Digitalisierung 2025+?

Als Bindeglied zwischen der realen und der virtuellen Welt sind die Filialen Träger eines allumfassenden Servicegedankens. Auf welchem Kanal auch immer ein Kunde mit der Sparda-Bank in Kontakt tritt, in der Filiale der Zukunft kann er den Kanal wechseln und das direkte Gespräch mit einem Kundenberater suchen. Alles, was er bisher virtuell veranlasst und bestätigt hat, wird gespeichert und steht nahtlos im Beratungsgespräch zur Verfügung.

Girokonto-Eröffnung per Smartphone: Die Girokonto-Eröffnung per Smartphone dauert nur wenige Minuten. Im Prozess gibt der Interessent alle zur Kontoeröffnung notwendigen Daten ein (siehe Abbildung 10). Am Ende des Prozesses erhält er die Auftragsbestätigung. Die Kontoeröffnungsunterlagen werden automatisch per E-Mail und auf Wunsch per Post versandt. Mit der Video-Legitimation haben Kunden die Möglichkeit, sich einfach, schnell und sicher von jedem beliebigen Ort mit einer stabilen Internetverbindung zu legitimieren. Die Legitimation erfolgt mit einem Video-Call und kann somit an jedem PC, Laptop, Tablet oder Smartphone mit einer Kamera vorgenommen werden. Nach der Video-Legitimation kann das Konto sofort eröffnet werden. Hierzu wird ein Zertifikat erstellt, das über eine qualifizierte elektronische Signatur die Kontoeröffnung abschließt und dem Neukunden sofort eine Kontonummer zuweist.

Bricht der Kunde den Kontoeröffnungsprozess ab, kann er in der Filiale fortgesetzt werden. Alle bisher eingegebenen Daten stehen zur Verfügung.

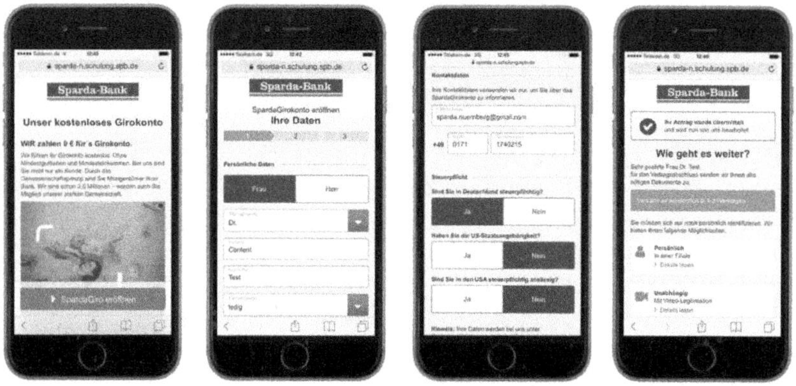

Abb. 10: Kontoeröffnungsprozess per Smartphone (Quelle: Sparda-Bank Nürnberg)

Die soeben erläuterten zukünftigen Veränderungen sind in der nachfolgenden Tabelle 2 zusammenfassend dargestellt.

Tab. 2: Was ändert sich im Vergleich zu heute? (Quelle: Sparda-Bank Nürnberg)

Heute	haben die meisten Bankfilialen feste Öffnungszeiten, die nicht immer arbeitnehmerfreundlich sind.
2025+	orientieren sich die Filialöffnungszeiten an den Geschäftszeiten des Einzelhandels. Darüber hinaus ist die virtuelle Beratung in den Abendstunden und an Wochenenden möglich.
Heute	sind Berater nur in den Filialen für den Filialvertriebsweg im Einsatz.
2025+	sind Berater als Spezialisten und auf für virtuelle Kontakte erreichbar.
Heute	beraten die Filialmitarbeiter ganzheitlich.
2025+	sind die Filialmitarbeiter Community-Mitglieder und zugleich Moderatoren.
Heute	ist der Berater an den Standort und die Filiale gebunden.
2025+	ist der Berater auf allen Vertriebswegen zuhause.

6 Zusammenfassung

Die Filiale der Zukunft ist bei der Sparda-Bank Nürnberg ein Ort physischer und virtueller Präsenz, ein Treffpunkt von Kunden und Interessenten zur Information und Beratung. Unsere Mitarbeiter sind zugleich Begleiter, Berater und Unterstützer. Kunden und Mitarbeiter sind Teil einer Community, die auf genossenschaftlichen Werten aufbaut.

Die Herausforderungen der Zukunft verlangen im Retail-Banking nach zukunftssicheren Lösungen, die sich an den sich wandelnden Lebensbedingungen der Kunden orientieren. Die Digitalisierung spielt hier eine wichtige Rolle und ist aus unserem Leben nicht wegzudenken. Smartphone und Tablet sind insbesondere bei jüngeren Kunden ein Teil ihrer realen Lebenswirklichkeit. Der Austausch mit Gleichgesinnten, die weitreichende Informationsbeschaffung über das Internet und die von Ort und Zeit losgelöste Interaktion mit Freunden, Bekannten und auch mit Dienstleistern findet in unseren Filialen neuen Typs ein Zuhause. Unsere Berater sind Teil der Community und Wegbegleiter unserer Kunden.

Mit unseren neuen Filialen tragen wir den Genossenschaftsgedanken in die digitale Welt. Wir bieten Orientierung und sorgen für ein Mehr an menschlichem Miteinander – in der realen wie auch in der virtuellen Welt.

Gerhard Walther

Praxisorientierte Umsetzung einer Digitalisierungsstrategie

Konkrete Ergebnisse und Quick Wins am Beispiel der VR-Bank Mittelfranken West eG

1 Einleitung

Der Megatrend Digitalisierung tangiert auch uns als Genossenschaftsbank immer mehr. Alte Denkmuster und langjährige Vorgehensweisen sind zu hinterfragen und im besten Fall neu aufzustellen. Nach der erfolgreichen Fusion der RaiffeisenVolksbank eG Gewerbebank in Ansbach und der VR-Bank Rothenburg o.d.Tbr. eG zur VR-Bank Mittelfranken West eG haben wir diesen Megatrend in unsere strategische Ausrichtung aufgenommen. Dabei verfolgen wir das Ziel, die genossenschaftlichen Prinzipien und Werte ins Zeitalter der Digitalisierung zu transportieren und modern zu interpretieren. Als Genossenschaftsbank ist es einerseits weiterhin wichtig, für unsere Mitglieder und Kunden regional und persönlich vor Ort erreichbar zu sein. Andererseits verlangt die gesellschaftliche und technologische Entwicklung, den Begriff Nähe neu zu interpretieren und die Menschen auf den von ihnen bevorzugten Kanälen bequem und optimal zu erreichen. Man spricht in diesem Zusammenhang von digitaler Nähe. Dies erfordert, dass sich Genossenschaftsbanken darauf konzentrieren müssen, digitale Konzepte umzusetzen, die ihren Mitgliedern und Kunden einen Mehrnutzen bringen und für den Bankbetrieb Kosteneinsparungen bzw. Produktivitätsverbesserungen generieren. Die VR-Bank Mittelfranken West eG hat sich dieser Aufgabe gestellt und einige Neuerungen auf den Weg gebracht, die im Zuge des strategischen Projekts „Digitalisierung“ eingeführt wurden und nachfolgend vorgestellt werden:

- Innovationsfindung
- Video-Service-Beratung
- GiroCode bzw. VR-Scan2Bank
- Erklärvideos
- Optimale technische Ausstattung unserer Berater
- Bankeigener BLOG
- PenPads
- Elektronische Kreditakte
- Kontowechsel-Service

https://doi.org/10.1515/9783110525748-008

Mit diesen Quick Wins können wir in kurzer Zeit in drei Bereichen, die wir als wettbewerbsrelevant einstufen, viel erreichen. Wir können schnell und einfach unsere Kosten bemerkbar senken (Kostenmanagement), die Prozessleistung in der Gesamtbank erhöhen (Produktivität) und die Netto-Marktzeiten unserer Mitarbeiter optimieren (Kundenkontakt).

2 Vision und Mission der VR-Bank Mittelfranken West eG

Basis sämtlicher strategischer Überlegungen bildet die Vision der VR-Bank Mittelfranken West eG, die im Jahr 2015 neu entwickelt wurde, und in der Abbildung 1 bildlich dargestellt ist. Die erarbeitete Vision lautet: „... was Menschen bewegt! Begeisterung. Erfolg. Heimat."

Abb. 1: Vision der VR-Bank Mittelfranken West eG (Quelle: VR-Bank Mittelfranken West)

Begeisterung: Wir arbeiten mit Lust, Leidenschaft und höchstem Engagement. Mutig, ehrlich und offen setzen wir die genossenschaftliche Idee modern um. Wir beraten zielorientiert, fair und zuverlässig und bearbeiten die Wünsche unserer Mitglieder schnell und flexibel.

Erfolg: Der Erfolg unserer Mitglieder ist das, woran wir täglich arbeiten und uns jederzeit messen lassen. Wir nutzen Chancen, übernehmen Verantwortung und arbeiten mit Begeisterung und Engagement für die Ziele unserer Mitglieder. Unternehmerisch handeln, mutig entscheiden und die ständige Bereitschaft, besser zu werden, sind die Garanten unseres gemeinsamen Erfolgs.

Heimat: Heimat ist da, wo unsere Mitglieder zu Hause sind, wo Wertorientierung, Solidarität und Fairness nicht nur im Bankengeschäft, sondern im täglichen Miteinander gelten. Mit genossenschaftlichen Werten und wirtschaftlicher Stärke sind wir zuverlässiger Partner und Förderer unserer Mitglieder. Freundlich und sympathisch begegnen wir den Menschen und schaffen so eine Atmosphäre, in der man sich wohlfühlt.

Die Mission der neu ausgerichteten Genossenschaftsbank beschäftigt sich aufgrund der aktuellen Marktsituation und des technologischen Wandels auch maßgeblich mit der Digitalisierung, um auch in Zukunft wettbewerbsfähig und interessant für Mitglieder und Kunden zu sein. Die VR-Bank Mittelfranken West eG nutzt Vertriebswege, die eindeutig (gewünscht und nutzenstiftend), individuell (Entscheidungsfreiheit bezüglich Nutzung der unterschiedlichen Vertriebswege) und transparent (Kosten der einzelnen Vertriebswege) sind. Um als Marktführer in der Region agieren zu können, wird kontinuierlich außerhalb der üblichen Denkmuster nach Innovationen gesucht.

3 Innovationen

Seit Juli 2015 sind circa 180 Innovationen von Mitarbeitern und Mitarbeiterinnen in eine interne Datenbank eingestellt worden. Jede Innovation wird entgeltlich honoriert. Die eingestellten Innovationen werden für einen Zeitraum von vier Wochen zur Diskussion in das Mitarbeiter-Intranet eingestellt. Das Feedback der Belegschaft wird für die Wertung, Umsetzbarkeit und Entscheidung herangezogen. Die endgültige Entscheidung über die Umsetzbarkeit der einzelnen Ideen wird jedoch durch einen Innovationszirkel, der aus sechs Mitarbeitern unterschiedlicher Abteilungen besteht, getroffen. Die konkrete Innovationsumsetzung wird an die jeweilige Fachabteilung delegiert, die für eine konsequente Realisierung sorgt. Innovationen sind wichtige Bausteine, um als moderne und zukunftsorientierte Bank zu agieren und in der Zeit der Digitalisierung zu bestehen. Mit der hier beschriebenen Vorgehensweise stellt die VR-Bank Mittelfranken West eG sicher, dass Innovationen nicht zufällig stattfinden, sondern Teil eines Gesamtkonzeptes sind und aktiv bewirtschaftet werden. Ein derart implementiertes Innovationsmanagement befördert eine dynamische und zukunftsorientierte Haltung der Belegschaft zu neuen und besseren Lösungen, was sich positiv auf Unternehmenskultur und Erfolg auswirkt.

4 Strategisches Projekt – Digitalisierung im Hause der VR-Bank Mittelfranken West eG

Da Digitalisierung sämtliche Bereiche des Bankgeschäftes sowohl intern als auch extern tangiert und auch gegenseitige Interdependenzen berücksichtigt werden müssen, ist in der VR-Bank Mittelfranken West eG ein umfangreiches strategisches Projekt entstanden, das in der Mindmap in Abbildung 2 zusammenfassend als Überblick dargestellt ist.

Im Folgenden soll auf einige wichtige Neuerungen im Rahmen des strategischen Projekts „Digitalisierung" der VR-Bank Mittelfranken West eG näher eingegangen werden.

4.1 Video-Service-Beratung

Im Rahmen einer Filialmodernisierung wurden zwei Geschäftsstellen mit neuer Technik ausgestattet, die eine Art Online-Service-Dienstleistung werktags von 8:00 Uhr bis 18:00 Uhr gewährleisten. Mitglieder und Kunden haben mittels Video-Service-Beratung somit weiterhin die Möglichkeit, Serviceangelegenheiten zu erledigen, ohne dass gesondertes Personal in den beiden Geschäftsstellen präsent sein muss. Die Vorgehensweise wird dem Kunden anschaulich über Infoterminals nähergebracht. Die Videoverbindung zum Kunden-Service-Center (KSC) unserer Bank wird durch Klingeln an dem zur Verfügung stehenden Raum aufgebaut. Eine KSC-Mitarbeiterin öffnet dem Kunden die Tür und begrüßt ihn freundlich unter voller Diskretion am Bildschirm, um seine Anliegen zu erledigen (siehe Abbildung 3). Wie die Erfahrung im Hause der VR-Bank Mittelfranken West eG gezeigt hat, sollte, um die Überleitung von der bisherigen Servicebetreuung sicherzustellen und um eine gute Akzeptanz bei Mitgliedern und Kunden für das neue digitale Serviceangebot zu erreichen, in der Einführungsphase die Technik durch eigenes Personal vor Ort unterstützend nähergebracht werden.

- **Angebotene Service-Dienstleistungen:**
  - Kontostände abfragen, Überweisungen aufgeben, Daueraufträge einrichten, ändern und löschen etc.
  - Bestellung von Formularen, Karten und Schecks
  - Erteilung von Freistellungsaufträgen
  - Adressänderung
  - Reisezahlungsmittel für den Urlaub bestellen, Auslandskrankenversicherung abschließen
  - allgemeine Fragen und Auskünfte erteilen
- **Nutzen für Kunden und Mitglieder:**
  - einfach, unkompliziert und bequem
  - volle Diskretion
  - unabhängig
  - Kundennähe
  - flexibel und zuverlässig

Durch diese Maßnahme wurde folgendes Einsparpotenzial realisiert:

Servicepersonal in beiden Geschäftsstellen:

→ Pro Woche 1.500 Euro = 75.000 Euro p.a.

→ Bessere Auslastung des Kunden-Service-Centers (KSC).

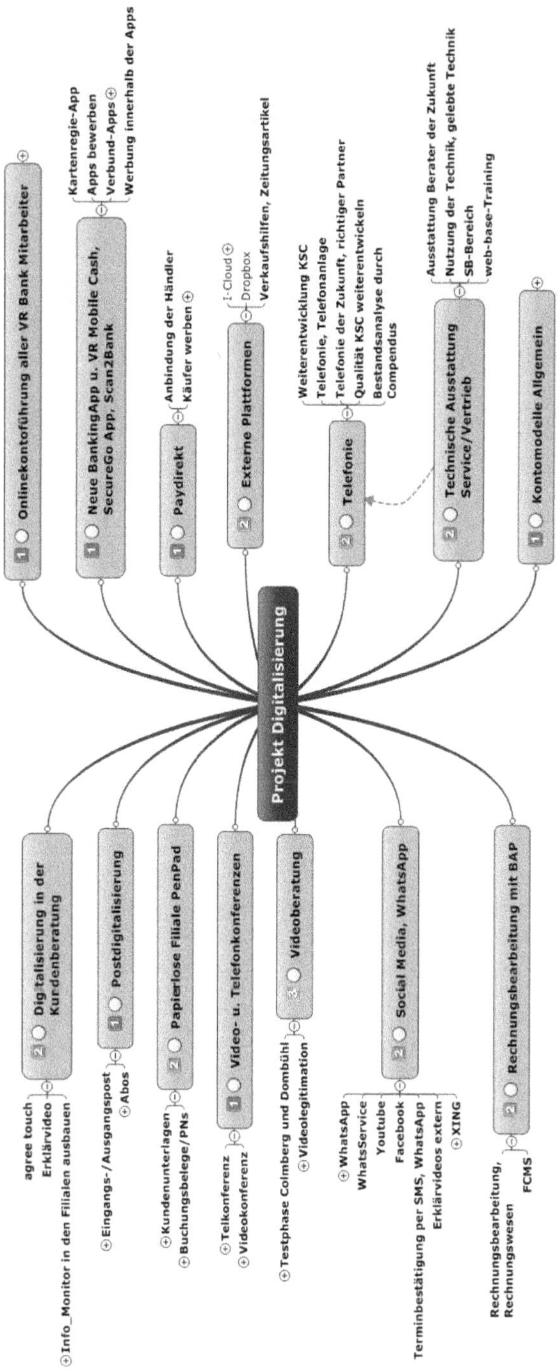

Abb. 2: Projektübersicht der Digitalisierung mit Unterprojekten (Quelle: VR-Bank Mittelfranken West)

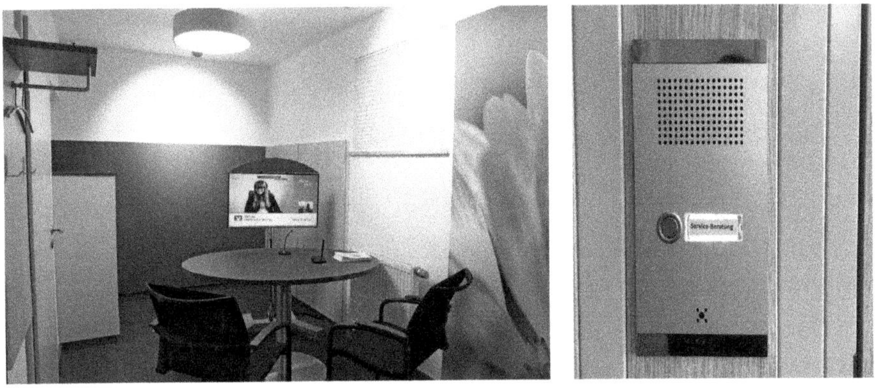

Abb. 3: Raum der Video-Service-Beratung und Klingel zur Verbindung zum KSC (Quelle: VR-Bank Mittelfranken West)

4.2 Überweisungsvorgang digitalisieren

4.2.1 GiroCode

Im Zeitalter der Digitalisierung ist es wichtig, Neuerungen und Vereinfachungen jederzeit zu suchen und umzusetzen, um die Erwartungen von Mitgliedern und Kunden zu erfüllen. Darunter zählt auch die Einführung des GiroCode im Hause der VR-Bank Mittelfranken West eG. Dieser befüllt automatisch die Überweisung mit den angegebenen Rechnungsdaten nach dem Abscannen mit der VR-BankingApp. Für die Einführung des GiroCode wurde den eigenen Firmenkunden der jeweilige digitale GiroCode zur Verfügung gestellt, damit dieser auf den Rechnungen vermerkt werden kann. Die Einführung des GiroCode bringt mehrere Vorteile mit sich. Zum einen werden die Rechnungsdaten ohne manuelles Eintippen fehlerfrei und vollständig in das Überweisungsformular übernommen und zum anderen ist der Code für papierhafte und digitale Rechnungen einsetzbar. Für Mitglieder und Kunden ist die Nutzung dieses Service kosten- und lizenzfrei.

4.2.2 VR-Scan2Bank

Die Einführung des GiroCode war der Anfang, um Überweisungen einfacher und zum Teil automatisiert zu befüllen. Doch die Verwendung des GiroCode wurde nicht wie erhofft von der Mehrzahl der Kunden angenommen. Mit der Einführung von VR-Scan2Bank, das in der VR-BankingApp integriert ist, wird dies in Zukunft anders sein, da der Kunde nicht mehr auf den GiroCode auf der Rechnung angewiesen ist.

Nach der Auswahl des Auftragsgeberkontos wird die DIN A4-Rechnung mit Hilfe der Kamera, z.B. Smartphone oder Tablet, fotografiert. Die Applikation zieht sich aus dem Foto die relevanten Daten, wie Rechnungsempfängerdaten, Verwendungszweck und Betrag, heraus. Der Kunde überprüft die automatisch befüllte Überweisung auf Richtigkeit und gibt diese anschließend mit Eingabe einer TAN frei. Diese Innovation wird von unseren Online-Kunden sehr stark angenommen, da sich der Überweisungsvorgang einfach, automatisiert und schnell abwickeln lässt.

4.3 Erklärvideos

Mit Erklärvideos hat die VR-Bank Mittelfranken West eG aus einer Not eine Tugend gemacht: Auslöser war die Entfernung unserer beiden Hauptgeschäftsstellen und die Weitläufigkeit des Geschäftsgebiets. Um Informationen und Neuerungen schnell und zielorientiert an die Mitarbeiter am jeweiligen Arbeitsplatz heranzubringen, waren Präsenzschulungen nicht zielführend. Es wurde nach einer Lösung gesucht, die es ermöglichte, den Mitarbeitern wichtige Informationen dezentral, umsetzungsorientiert und visuell zur Verfügung zu stellen. Erklärvideos bieten hierfür die ideale Lösung: Die jeweilige Fachabteilung erstellt Videos, um Sachverhalte, Datenbanken, Anmeldevorgänge etc. zu erläutern. Die Videos werden im Intranet hochgeladen und können zeitunabhängig von den eigenen Mitarbeitern angesehen werden. Zusätzlich wird ein Archiv mit Informationen aufgebaut, das jederzeit abgerufen werden kann. Speziell für neue Mitarbeiter stellt dies eine enorme Erleichterung dar, um sich im täglichen Unternehmensablauf zu integrieren. Erklärvideos besitzen nicht nur einen internen Nutzen, sondern können auch extern verwendet werden. Das heißt, die Videos werden auf der Homepage für unsere Mitglieder und Kunden veröffentlicht, um Apps, Produkte etc. visuell zu erläutern (siehe Abbildung 4). Dies schafft einen enormen Mehrwert und zeigt die digitale Kompetenz der VR-Bank Mittelfranken West eG.

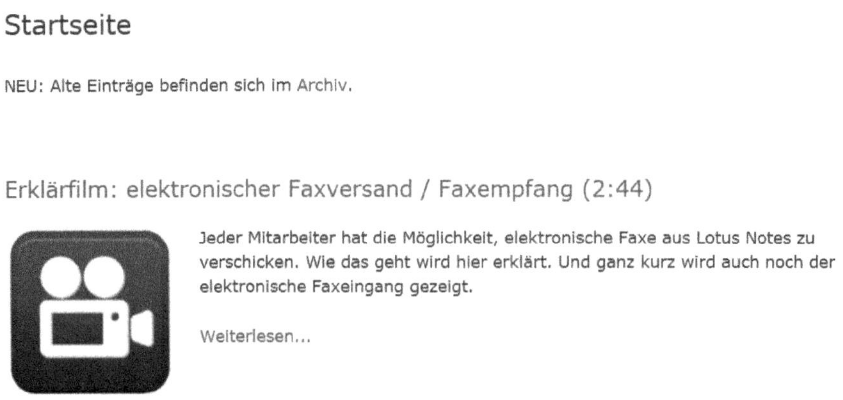

Abb. 4: Erklärvideos auf unserer Plattform im Intranet (Quelle: VR-Bank Mittelfranken West)

Einsparpotenzial:

→ Pro Erklärvideo werden 30 Euro Personalkosten eingespart.

→ Bei 25 Erklärvideos p.a. und durchschnittlicher Nutzung von 200 Mitarbeitern ergibt sich eine Einsparung von 150.000 Euro p.a.

4.4 Technische Ausstattung der Berater

Um als zukunftsorientierte Bank zu agieren, die ihren Mitgliedern und Kunden digitale Kompetenz näherbringt, ist eine gute technische Ausstattung und deren Nutzung Grundvoraussetzung. Die VR-Bank Mittelfranken West eG hat jeden Berater mit Laptop sowie teilweise mit iPad und iPhone ausgestattet (siehe Abbildung 5). Zusätzlich bieten wir den Beratern einen sogenannten mobilen Arbeitsplatz an.

Abb. 5: iPad unserer Berater (Quelle: VR-Bank Mittelfranken West)

Der Einsatz dieser Geräte in Beratungen überzeugt Mitglieder und Kunden, sich für die richtige Bank entschieden zu haben, denn eine innovative und zukunftsorientierte Genossenschaftsbank vermittelt dadurch Kompetenz und Sicherheit. Die gute technische Ausstattung steigert zusätzlich die Motivation und Produktivität der eigenen Mitarbeiter. Schlanke Prozesse können gewährleistet werden, die Netto-Marktzeiten im Vertrieb und die Produktivität der internen Abteilungen steigen. Ein weiterer großer Vorteil ist die standortunabhängige und flexible E-Mail-Bearbeitung und Terminvereinbarung der Mitarbeiter. Nur durch gute technische Ausstattung und digitales know-how der Mitarbeiter kann der Megatrend Digitalisierung bewältigt werden. Dabei überwiegen die bei einer konsequenten, bankweit einheitlichen Umsetzung eintretenden Synergieeffekte die Anlaufinvestitionen bei weitem.

4.5 BLOG der VR-Bank Mittelfranken West eG

Die VR-Bank Mittelfranken West eG hat im Juni 2016 einen BLOG eingerichtet, auf dem Neuigkeiten und allgemeine Informationen veröffentlicht werden (siehe Abbildung 6). Beiträge, die im BLOG eingestellt sind, werden automatisch an die eigenen Social-Media-Plattformen, wie z.B. Facebook, verteilt. Der BLOG ist ein Medium, mit dem sich die VR-Bank Mittelfranken West eG transparent und persönlich nach außen zeigt. Leser können jederzeit Themen kommentieren und mitverfolgen. Des Weiteren kann der BLOG für internen Austausch und Mitarbeiterkommunikation eingesetzt werden. Mit dem BLOG wird eine genossenschaftliche Stärke, nämlich die Netzwerkorganisation, über digitale Medien neu belebt.

Abb. 6: Hauseigener BLOG (Quelle: VR-Bank Mittelfranken West)

4.6 PenPad

Zum Ende des dritten Quartals im Jahr 2016 wurden PenPads in die Geschäftsprozesse integriert. Im ersten Schritt wurden alle Serviceplätze mit PenPads ausgestattet, somit werden sämtliche Zahlungsverkehrsaufträge am Service papierlos mittels PenPads abgewickelt (siehe Abbildung 7). Ab 2017 sollen zusätzlich alle Berater ein entsprechendes Pad erhalten, um die Abwicklung aller Kundenaufträge digital zu ermöglichen. Nach Unterzeichnung des Kunden mittels PenPad werden die jeweiligen Dokumente direkt in Arbeitsfächer bzw. jeweilige Kundenakten im Fiducia Content Management System (FCMS) abgelegt und archiviert.

Abb. 7: Signotec PenPad (Quelle: VR-Bank Mittelfranken West)

Diese Neuerung spart Zeit und Wege, mindert den Papierverbrauch und verbessert die Prozessgeschwindigkeit erheblich. Aus eigener Erfahrung und verschiedenen Testphasen haben wir feststellen können, dass die PenPads bei unseren Kunden sehr gut angenommen werden und uns nach außen als innovative und fortschrittliche Bank erkennbar machen.

Einsparpotenzial:

→ Bezüglich der Kurierfahrt/Personalkosten (pro Woche 700 Euro) lassen sich 35.000 Euro p.a. einsparen.

→ Bei den Formularkosten (Zahlungsverkehr) ergibt sich eine Einsparung von 5.000 Euro p.a.

4.7 Elektronische Kreditakte

Die Einführung der elektronischen Kreditakte (E-Akte) ist eine strategische Entscheidung. Die Gradmesser für wettbewerbsfähige und leistungsstarke Kreditprozesse sind Effizienz, Qualität, Kosten und Sicherheit. Die elektronische Kreditakte bietet diesbezüglich deutliche Vorteile gegenüber der herkömmlichen Variante. Zum einen liegt eine höhere Kundenorientierung aufgrund der schnelleren Antwortzeiten und dem Wegfall der umständlichen und zeitaufwendigen Aktensuche vor. Zum anderen bleibt die Qualität der eingescannten bzw. digital verarbeiteten Dokumente stets konstant gegenüber papierhaften Dokumenten. Des Weiteren bietet die Nutzung ökologische Vorteile und gleichermaßen Kosteneinsparungen, da Papierausdrucke entfallen. Die Unterlagen werden analog zum PenPad direkt in die Kundenakte in FCMS abgelegt und können jederzeit standortunabhängig, zum Beispiel durch Berater in der Filiale und Kreditsachbearbeiter in der Hauptstelle, abgerufen werden (siehe Abbildung 8). Dadurch ist eine hohe Prozessqualität und -effizienz gewährleistet. Zusätzlich wird eine hohe Datensicherheit durch elektronische Sicherheitskopien geboten. Der Verlust von Dokumenten aufgrund von Feuer- oder Wasserschäden, Verlust oder Diebstahl kann hiermit umgangen werden. Die Einführung ist relativ einfach umsetzbar, wenn bereits ein Dokumentenverwaltungssystem wie FCMS vorhanden ist. Die Nutzung der elektronischen Kreditakte zur Bearbeitung unserer Kundenanliegen wird von den Mitarbeitern sehr gut angenommen.

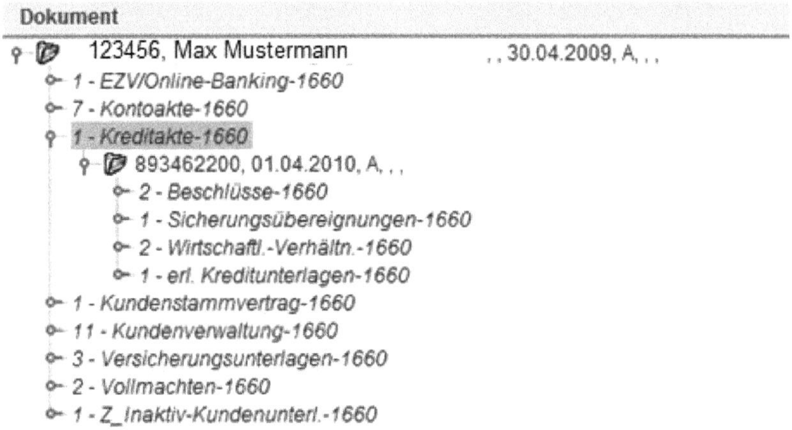

Abb. 8: Beispiel einer E-Kreditakte in FCMS (Quelle: VR-Bank Mittelfranken West, agree21FCMS, Version 6.3)

Einsparpotenzial:
- → Ablage und Recherche von Kreditdokumenten bzw. Engagement-Bearbeitung ca. 10.000 Dokumente p.a.
- → Bei einer Einsparung von 2,80 Euro pro Dokument ergibt sich eine Gesamteinsparung von ca. 28.000 Euro p.a.

→ Die Einsparung von Handling-, Lager- und Kurierkosten beträgt ca. 12.000 Euro p.a., abzüglich zusätzlicher Speicherkosten (FCMS) in Höhe von 5.000 Euro p.a.

→ Gesamteinsparung von ca. 35.000 Euro Produktionskosten p.a.

4.8 Kontowechsel-Service

Der Kontowechsel-Service ist eine Anwendung, die bereits auf der Homepage der VR-Bank Mittelfranken West eG integriert ist (siehe Abbildung 9). Diese ermöglicht es dem Kunden, sein Konto in acht Minuten von einer Fremdbank einzuziehen. Nach Eingabe der Onlinebanking-Kennung des Kunden erkennt die Anwendung wiederkehrende Zahlungen automatisch und generiert Briefe, die an das jeweilige Unternehmen für die Umstellung der Bankverbindung gesendet werden können. Nach Eingabe der digitalen Unterschrift ist das Konto des Kunden umgezogen. Diese Anwendung erspart für den Betrieb Serviceaufgaben und erhöht im gleichen Zuge die Netto-Marktzeit des einzelnen Mitarbeiters.

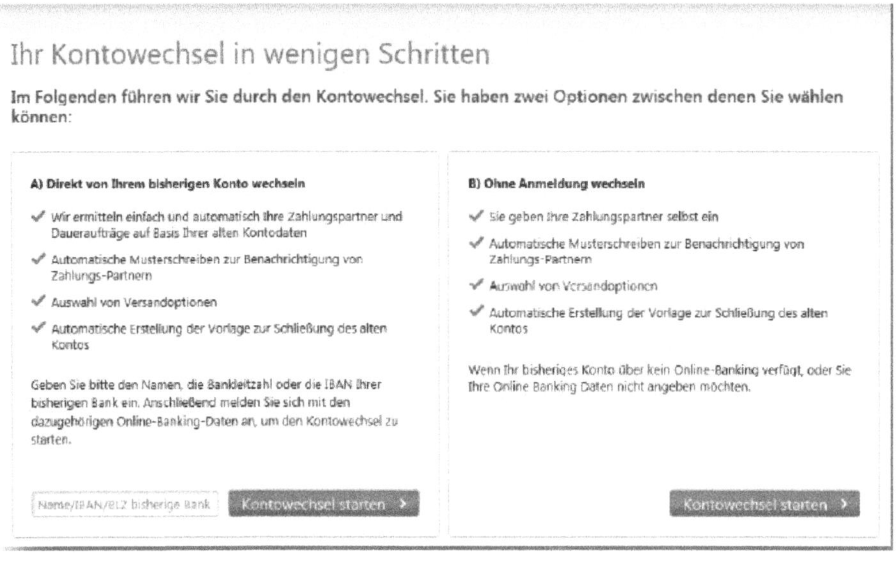

Abb. 9: Maske der Anwendung auf der Homepage der VR-Bank Mittelfranken West eG (Quelle:VR-Bank Mittelfranken West → Screenshot aus eigener Homepage)

Einsparpotenzial:

→ Einsparung pro Kontowechsel (40 Euro Personalkosten).

→ Bei 10 Kontowechseln pro Woche = 400 Euro → ca. 20.000 Euro p.a.

4.9 Gesamt-Einsparpotenzial

Mit den vorstehend dargestellten Ergebnissen bzw. Quick Wins kann viel erreicht werden. Es können insgesamt ca. 280.000 Euro p.a. Personalkosten, 5.000 Euro p.a. Materialkosten und 35.000 Euro p.a. Produktionskosten eingespart werden. Die Gesamtreduzierung der Kosten anhand der dargestellten Möglichkeiten beträgt für die VR-Bank Mittelfranken West eG rund 320.000 Euro p.a. Neben diesen Neuerungen und Innovationen ist vermutlich noch weiteres Potenzial vorhanden, das mit Hilfe des strategischen Projektes Digitalisierung in den nächsten Jahren ausgeschöpft werden muss, um der momentanen Marktsituation entgegenzusteuern. Zusätzlich kann neben den Kosten auch die Netto-Marktzeit erhöht werden, die für genossenschaftliche Beratungsqualität eingesetzt werden kann. Außerdem erreichen wir als digitalisierte und zukunftsorientierte Bank die Generation Y, die als zukünftige Kundengruppe für die Bank von entscheidender Bedeutung ist.

Das Einsparpotenzial aus den Quick Wins darf nicht unterschätzt werden. Es ist bei einer konsequenten Umsetzung relativ leicht und sicher zu heben – allerdings auch nur dann. Wenn die Umsetzungskonsequenz nicht gesichert ist, kann sich leicht der gegenteilige Effekt einstellen und eine ungünstige Kostenposition die Folge sein. Deshalb verstehen die Verantwortlichen in der VR-Bank Mittelfranken West eG die Sicherstellung des Erfolgs der Digitalisierungsprojekte vorrangig als Führungsaufgabe.

5 Fazit: Was muss eine Genossenschaftsbank tun, damit sie sich nicht in der digitalen Welt verliert?

Es ist wichtig, als Genossenschaftsbank pragmatisch zu sein. Veränderungen müssen akzeptiert und angenommen werden, um in der digitalen Welt bestehen zu können. Markttrends müssen schnell adaptiert und umgesetzt werden, um sich im Wettbewerb erfolgreich zu positionieren. Ob bei einer Bank Kompetenzvermutung im Bereich Digitalisierung vorhanden ist, hängt stark davon ab, ob man in kurzen Abständen konkrete Erfolge aufzeigen und Kundennutzen generieren kann. Deshalb ist für die VR-Bank Mittelfranken West eG ein Mix aus einer langfristigen Digitalisierungsstrategie und kurzfristigen Quick Wins der richtige Weg zum Erfolg. Dabei bildet die genossenschaftliche Identität die Basis aller Entscheidungen. Ziel ist es, digitales know-how und gute persönliche Beratungskompetenz auch in der Zukunft zu bieten und somit dem genossenschaftlichen Förderauftrag auch in einer digitalen Finanzdienstleistungswelt gerecht zu werden.

Um als VR-Bank Mittelfranken West eG unseren Mitgliedern und Kunden in jedem Bereich digital und persönlich zur Seite zu stehen, benötigen unsere Mitarbeiter eine gute technische Ausstattung und ständiges Weiterentwickeln durch Innovationen und Neuerungen im Rahmen der Digitalisierung. Um die digitale Kompetenz der Mitarbeiter zu gewährleisten, wurde jüngst das Projekt „Digitale Lotsen" in die Welt gerufen. Hierbei stehen sogenannte Digitale Lotsen – oft auch als Multiplikatoren bezeichnet – zur Verfügung, die digitale Neuerungen aktiv und praktisch in der Belegschaft aufzeigen. Eine Erweiterung dieses Teams ist angedacht, sodass in jedem Bereich der VR-Bank Mittelfranken West eG ein Digitaler Lotse vorhanden ist, der schnell und einfach Informationen und neue Anwendungen in die jeweiligen Abteilungen kommuniziert. Wir gewährleisten somit digitales know-how in jedem Bereich unseres Instituts.

Anja Schindler

Wie wird eine Bank innovativer?

Das iterative Innovationsmodell der Volksbank Bühl

1 Einleitung

1.1 Hintergrund

Durch das Internet vernehmen wir in sämtlichen Lebensbereichen tiefgreifende Veränderungen. Die sich immer weiterentwickelnde Digitaltechnologie bietet Menschen und Unternehmen Chancen, von denen sie allerdings nur profitieren werden, wenn sie sich diesen öffnen und die richtigen Konsequenzen daraus ziehen. Die digitale Transformation verändert langfristig durch die Potenziale und Möglichkeiten des Internets das Fundament jedes Unternehmens. Die Entwicklung der nächsten 20 Jahre wird dabei die der vergangenen Jahre weit übertrumpfen (Cole, 2015). Betroffen sind Strategie, Struktur, Kultur und Prozesse. Das fortschreitende digitale Zeitalter führt zu einem Wandel des bestehenden Verständnisses von Kunden, Geschäftsbeziehungen und Wertschöpfungsketten.

Eine internationale Studie der Capgemini Consulting mit mehr als 400 Großunternehmen belegt, dass die Mehrheit der großen Firmen bereits angefangen hat, Maßnahmen zur Bewältigung der digitalen Transformation einzuleiten. Dabei spielen Technologien wie die sozialen Medien, Business Analytics und mobile Kommunikation sowie Embedded Devices eine große Rolle. Mit diesen verändern sie ihre Kundenansprache, ihren internen Betrieb und sogar ihre Geschäftsmodelle. Einen tatsächlichen Mehrwert aus der Digitalisierung konnten der Studie zufolge allerdings nur wenige Unternehmen erzielen. Diese aber werden als digitale Vorreiter einen klaren Vorsprung haben. Entscheidend ist der digitale Reifegrad, egal in welcher Branche.

1.2 Das Modell

Iterativ bedeutet wiederholend. Das iterative Innovationsmodell der Volksbank Bühl soll daher ein sich wiederholendes, wechselseitiges Zusammenspiel aus Trial-and-Error-Projekten und strukturellen, kulturellen, strategischen sowie prozessualen Maßnahmen darstellen. Es zeigt auf, dass sich im Zeitverlauf die Innovationsfähigkeit des Unternehmens steigert und es zunehmend in der Lage ist, immer größere Innovationsprojekte umzusetzen. Aus jedem Projekt werden Erkenntnisse gesam-

https://doi.org/10.1515/9783110525748-009

melt und im Anschluss bewertet. Hieraus werden Maßnahmen abgeleitet, um gegebenenfalls organisatorische Anpassungen im Unternehmen vorzunehmen.

Durch dieses Modell konnte die Volksbank Bühl ihre Innovationsfähigkeit über mehrere Jahre hinweg erfolgreich erhöhen (siehe Abbildung 1). Beginnend mit der Einführung von Social Media, über die Etablierung eines interdisziplinären Projektteams (Innovationswerkstatt der Volksbank Bühl) bis hin zu erfolgreichen Innovationsprojekten wie beispielsweise der Einführung einer Enterprise-2.0-Lösung und einer Crowdfunding-Plattform stellt es nun ein Fundament dar für weitere Innovationsprojekte.

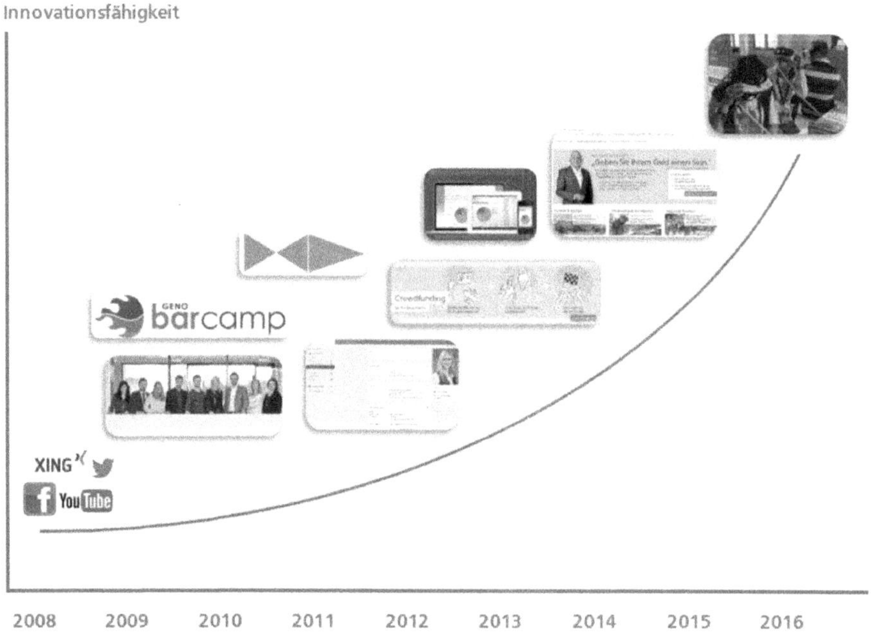

Abb. 1: Erhöhung der Innovationsfähigkeit im Zeitverlauf (Quelle: Volksbank Bühl)

1.3 Die Volksbank Bühl

Die Volksbank Bühl wurde 1869 gegründet. Das Geschäftsgebiet der Volksbank Bühl erstreckt sich von Stollhofen als nördlichste Grenze bis in den Süden nach Goldscheuer bei Kehl. Insgesamt stellt sie ihren Kunden 28 Beratungscenter zur Verfügung. Die Bank hat 271 Mitarbeiter und über 65.470 Kunden, von denen mehr als 43.500 Mitglied sind. Die Bilanzsumme der Volksbank Bühl beläuft sich auf 1.038,1

Millionen Euro. Das betreute Kundenvolumen beträgt 2.069,0 Millionen Euro und das bilanzielle Eigenkapital liegt bei 131,5 Millionen Euro.

2 Social Media als Ausgangspunkt – 2008

Durch den steigenden Interaktionsgrad ist das Internet als Einweg-Kommunikationsmedium im Sinne des Web 1.0 zu einer interaktiven Kommunikationsplattform, dem Web 2.0, gewachsen (Beilharz, 2012). Menschen vernetzen sich, tauschen sich untereinander zu Themen aus und erstellen selbst Inhalte (Wessling, 2012). Nutzer sind nicht mehr nur bloße Konsumenten von Web-Content, sondern produzieren ihn selbst und partizipieren aktiv und öffentlich (Holzapfel/Holzapfel, 2012). Für viele Menschen ist das Web 2.0 zum Alltag geworden. Ist ein Unternehmen, egal welcher Größe, heute nicht in den sozialen Medien vertreten und erreichbar, wirkt es altmodisch und zurückgeblieben. Es ist normal geworden, seine Beziehungen zu anderen über digitale Medien zu pflegen und sich weiter zu vernetzen, Beziehungen zu Marken nicht ausgeschlossen. Die Entwicklung des Web 2.0 ist ein Trend, dem Unternehmen folgen müssen, um ihn für ihre Wertschöpfung erfolgreich zu nutzen. Es sind neue Kommunikations-, Vertriebs- und Supportkanäle entstanden, die für Kunden und Unternehmen einen hohen Nutzen darstellen (Bundesverband Informationswirtschaft, Telekommunikation und neue Medien e.V., 2015).

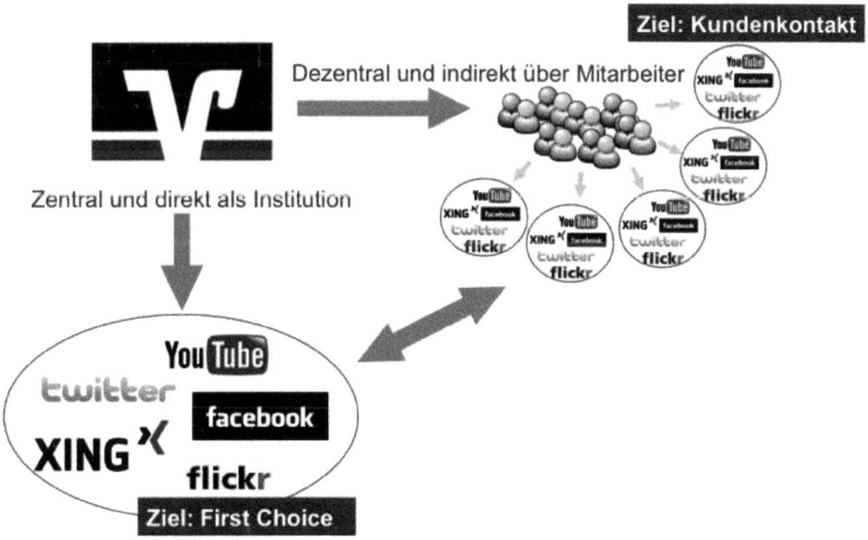

Abb. 2: Zwei Säulen Strategie der Volksbank Bühl (Quelle: Volksbank Bühl)

Das Web 2.0 stellt für die Volksbank Bühl die Chance dar, ihre definierte Kernkompetenz Kundenbeziehung auch im Internet zu leben. Social Media sollte daher auf zwei Arten eingesetzt werden (siehe Abbildung 2). Zum einen indirekt über die Mitarbeiter, indem diese als Multiplikatoren fungieren. Einige Mitarbeiten nutzten im Jahr 2008 bereits täglich soziale Medien, die Mehrheit wiederum hatte bis zu diesem Zeitpunkt noch keine Kontaktpunkte mit Social Media.

Zum anderen wurde die Umsetzung in Form von Fanseiten in den sozialen Netzwerken geplant. Diese sollten als direktes Instrument eingesetzt werden, um die Markenpräferenz zu erhöhen. Durch den Einstieg in Facebook, Twitter und Co. wurden neue Kommunikationskanäle geschaffen. Ziel dabei war der Aufbau einer erhöhten Reichweite und die Stärkung des Images als innovatives Kreditinstitut.

Im ersten und zweiten Schritt wurden Social-Media-Workshops angeboten und Social-Media-Guidelines erstellt. Im dritten Schritt wurde die Betriebsvereinbarung in Bezug auf Datenschutz und Internetnutzung am Arbeitsplatz angepasst. Nach der Teilnahme an diversen Schulungen (Internet-Grundlagen, Informationsmanagement, Social-Media-Basics und Fortgeschrittenen-Kurse) erfolgte die Freischaltung der Mitarbeiter für die Nutzung sozialer Netzwerke am Arbeitsplatz. Die Mitarbeiter sollten dadurch eigenständig als Multiplikatoren, Markenbotschafter und weitere authentische Stimme im Netz agieren.

Über die Jahre hat sich Social Media nun fest im Unternehmen etabliert. Die Mitarbeiter sind berechtigt, diese an ihrem Arbeitsplatz und während der Arbeitszeit zu nutzen. Der Aufgabenbereich wurde in die Abteilung Marketing und Vertrieb überführt, in der sich zwei Mitarbeiter um das Management der Kanäle kümmern. Die Aktivitäten orientieren sich dabei immer an der dokumentierten Social-Media-Strategie. Social Media ist im Online-Marketingkonzept als gleichberechtigter Baustein zu Suchmaschinenoptimierung, Suchmaschinenmarketing, Online-Werbung und Affiliate-Marketing zu sehen. Kommunikationsziele sind unter anderem, die Bank als modernes und innovatives Unternehmen zu präsentieren, Kunden durch einen offenen Austausch wertzuschätzen und eine Weiterempfehlung zu erreichen. Des Weiteren ist eine Stärkung der Markenbekanntheit, der Markensympathie und des Markenimages Ziel.

Derzeit hat die Volksbank Bühl mehr als 10.300 Fans auf Facebook, 2.300 Follower auf Twitter und 570 Abonnenten auf Instagram (Stand: August 2017). Außerdem ist die Bank in weiteren Social-Media-Kanälen wie Youtube, Google+, LinkedIn und anderem mehr aktiv und hält regelmäßig Ausschau nach den neuesten Entwicklungen im weltweiten Bankenmarkt. Derzeit wird eine Ausweitung der Aktivitäten auf Snapchat geprüft.

3 Gründung der Innovationswerkstatt der Volksbank Bühl – 2010

Der Antrieb eines jeden Unternehmens sollte es sein, sich weiterzuentwickeln. Aus diesem Grund wurde 2010 die Innnovationswerkstatt gegründet. Sie ist ein interdisziplinäres Team von zehn Mitarbeiterinnen und Mitarbeitern, das in Abbildung 3 vorgestellt wird, und bedient sich dem Modell der Absorptive Capacity. Sie identifiziert und bewertet Trends und überlegt, wie diese für die Bank genutzt werden können. Außerdem soll das Team innovative Themen im Haus prominent kommunizieren und Mitarbeiter dafür sensibilisieren.

Abb. 3: Das Team der Innovationswerkstatt (Quelle: Volksbank Bühl)

Das Team führt einen eigenen Unternehmensblog, der unter der Domain *www.blog.volksbank-buehl.de* zu erreichen ist. Die Kommunikation darüber dient weniger der Vermarktung von Botschaften als vielmehr einem Trendscouting in der Finanzbranche und der Veränderung innerhalb des Unternehmens. Die Innovationswerkstatt schreibt regelmäßig Blogbeiträge zu tiefergehenden Inhalten, formuliert ihre Einschätzung dazu und möchte so Dialoge innerhalb des Unternehmens anstoßen. Der Blog ist außerdem ein Instrument, sich mit Dritten zu vernetzen. Derzeit verzeichnet der Blog über 5.000 Zugriffe im Monat. Die Innovationswerkstatt hat zudem die Aufgabe, interne und externe Workshops und Schulungen zu diversen Themen der digitalen Transformation durchzuführen. Ein großer Teil ihrer Arbeit entfällt außerdem auf die Umsetzung diverser Innovationsprojekte. Das Team ist ein wichtiger Baustein für die Innovationsfähigkeit der Volksbank Bühl und Dreh- und Angelpunkt aller Innovationsprojekte, auf die in den folgenden Kapiteln eingegangen wird.

4 Aufbau eines Innovationsmanagements – 2011

Schnell nach der Einführung der Innovationswerkstatt wurde klar, dass ein Innovationsprozess benötigt wird, mit dem unter anderem priorisiert werden kann, welche Ideen weiter verfolgt und welche verworfen werden. Zudem mussten Rollen zwischen Fachbereichen und zentralem Innovationsteam geklärt werden. Die Etablierung eines Innovationsprozesses führt zumeist zu einer Erhöhung der Innovationsfähigkeit und ist gerade bei komplexen Projekten bedeutend (Meyer, 2014).

Vor diesem Hintergrund wurde in 2011 ein reduziertes und für eine Volksbank angepasstes Innovationsmanagement konzipiert. Im Rahmen dieses Prozesses wurde definiert, wer im Unternehmen für welchen Schritt verantwortlich ist und welche Instrumente zur Verfügung stehen. Im Prozess wurden Ansätze diverser Innovationsprozesse (Stage Gate, Crowdsourcing, Open Innovation) für eine Volksbank adaptiert und angepasst. Ziel war es, Klarheit über Rollenverteilung im Innovationsprozess zu gewinnen sowie eine Systematik zur Priorisierung von Innovationsprojekten zu entwickeln.

Der schlanke Innovationsprozess mit Methoden aus diversen Innovationstheorien hat sich bis heute bewährt. Insbesondere die stringente Rollenverteilung hilft, Widerstände zu verringern. Der Prozess hat mittlerweile Modellcharakter und wird von anderen Genossenschaftsbanken in dieser oder modifizierter Form angewandt. Eines wurde jedoch auch hier schnell klar: Mit der Innovationswerkstatt und dem Innovationsprozess wurden wichtige Elemente zur Steigerung der Innovationsfähigkeit implementiert, jedoch mussten Wege gefunden werden, alle Kolleginnen und Kollegen noch früher in Innovationsprojekte einzubinden. Die Transparenz diesbezüglich sollte deutlich gesteigert und Möglichkeiten zur Beteiligung geschaffen werden. Die Vernetzung der Organisation sollte zunehmen.

5 Einführung der Enterprise-2.0-Plattform „Volksbank Bühl Connect" – 2012

Durch die frühen ersten Schritte im Web 2.0 und Workshops für alle Kolleginnen und Kollegen konnte die Medienkompetenz der Mitarbeiter in der Bank deutlich gesteigert werden. Die ersten Innovationsaktivitäten der Innovationswerkstatt halfen zudem, die Akzeptanz für das Thema Innovation zu steigern. Die Zeit schien reif für eine Social-Business-Plattform zur Vernetzung der Organisation.

Digitalisierung unterstützt auch den innerbetrieblichen Wandel. Das firmeninterne Pendant zu den öffentlich zugänglichen sozialen Netzwerken ist das Social Intranet als Enterprise-2.0-Anwendung. Es bietet dabei die Möglichkeiten der Projektkoordination, des Wissensmanagements und der interaktiven Kommunikation hin zu einer kollaborativen Unternehmenskultur. Darin integriert sind z.B. Blogs, die die Zusammenarbeit von Mitarbeitern an einem Projekt erleichtern. Durch den Erfahrungsaustausch, die Dateiablage und das Kommentieren wird die Zusammenarbeit wesentlich vereinfacht. Alle Zugangsberechtigten können dort Themen einstellen. Durch die Kommentarfunktion und das Liken entsteht eine lebhafte Diskussion. Gerade mit Enterprise-2.0-Anwendungen haben Unternehmen die Chance, ihren Wertschöpfungsprozess durch Social Media zu erweitern (Schüller, 2014). Ein weiterer entscheidender Vorteil ist, dass alle Zugangsberechtigten zu jeder Zeit den gleichen Wissenstand haben.

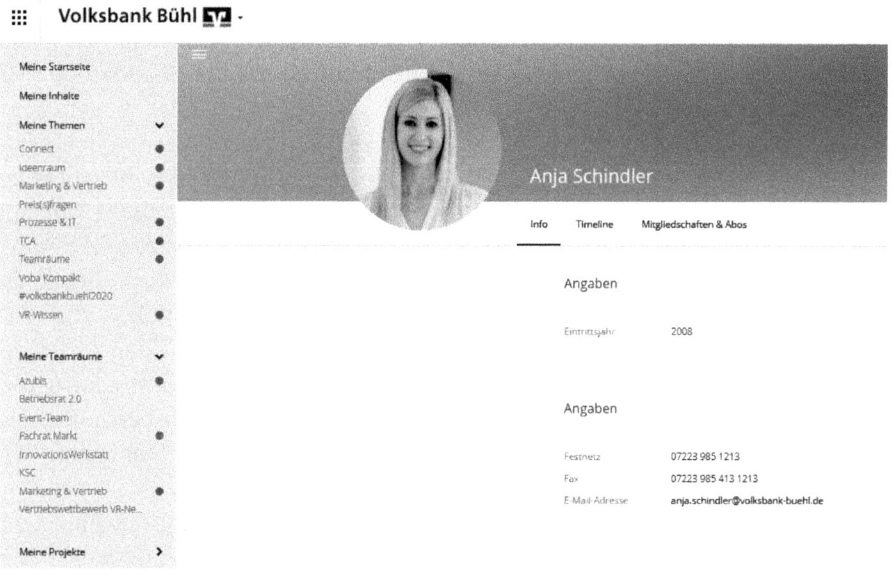

Abb. 4: Mitarbeiteroberfläche Enterprise-2.0-Plattform (Quelle: Volksbank Bühl)

Die Volksbank Bühl führte im Jahr 2012 eine Enterprise-2.0-Plattform zur Förderung einer offenen Unternehmenskommunikation und -kultur ein. Somit wollte sie Partizipationsmöglichkeiten für alle Kolleginnen und Kollegen im Rahmen von Entscheidungsprozessen und Projekten sowie eine Grundlage für einen effizienten Wissensaustausch schaffen. Weitere Ziele waren, die Kreativität zu fördern, neue Ideen zu entwickeln und diese in innovative Produkte und Dienstleistungen zu überführen.

Die Einführung wurde in verschiedenen Stufen durchgeführt. Zunächst galt es, alle technischen und organisatorischen Voraussetzungen in Kooperation mit der JUST Software AG für die Plattform zu schaffen. Im nächsten Schritt wurden seitens der Innovationswerkstatt Video-Tutorials gedreht und Webinare zur Schulung der Mitarbeiter vorbereitet. Im Anschluss an die Webinare meldeten sich die Kolleginnen und Kollegen nach und nach auf der Plattform an. Unterstützend begleiteten interne Marketing-Maßnahmen, eine Arbeitsanweisung und eine Netiquette die Einführung.

Alle Mitarbeiter der Bank sind auf der Plattform registriert. Abbildung 4 zeigt ein beispielhaftes Mitarbeiterprofil auf der Plattform. Ein Ideenmanagement ist über die Plattform abgebildet, bei dem alle Mitarbeiter Ideen einreichen und priorisieren können (Ideenanzahl wurde um Faktor 2,2 gesteigert). Open Projects werden als Instrument der offenen Projektkommunikation genutzt. Bei bestimmten Projekten erfolgt keine Kommunikation der Projektmitglieder via E-Mail, sondern via Mikroblog. Diese Kommunikation ist für jeden einzusehen. Ein Großteil der Unternehmenskommunikation wurde vom Medium E-Mail auf die Plattform verlagert. Die Unternehmenskommunikation wird so transparenter und effizienter. Außerdem sind Teile des Informationsmanagements und ein Wissensmanagement über die Plattform abgebildet.

Die flachen Hierarchiestrukturen der Bank bedingen einen hohen Kommunikations- und Abstimmungsaufwand und die hohe Anzahl an Querschnittsaufgaben macht eine bereichsübergreifende Zusammenarbeit notwendig. Durch die Nutzung von bis zu 500 Datenbanken ohne bereichsübergreifende Suchfunktion war Transparenz unmöglich und Informations- und Wissenssilos ein Problem. Durch die Plattform können sich nun alle Mitarbeiter ortsunabhängig abteilungs-, themen-, und standortbezogen austauschen, aktiv Content erstellen, an Projekten partizipieren, schnell und einfach Informationen erhalten, Kommentare zu bestimmten Themen abgeben und ihre Zustimmung über einen Gefällt-mir-Button bekunden. Für die Bank hat sich die Projektkoordination sowie das Produkt-, Prozess- und Wissensmanagement durch die interaktive Kommunikation vereinfacht.

Die Innovationswerkstatt, der Innovationsprozess und „Volksbank Bühl Connect" waren und sind die richtigen Tools, um als mittelständische Volksbank größere Innovationsprojekte umzusetzen. Mit den geschaffenen Rahmenbedingungen konnten die ersten großen Innovationsprojekte realisiert werden. Diese Instrumente besitzen mittlerweile Modellcharakter und werden von verschiedenen Banken eingesetzt.

6 Einführung der Crowdfunding-Plattform „Viele-schaffen-mehr.de" – 2013

In 2011 war Crowdfunding in den USA bereits etabliert und verzeichnete in Deutschland zunehmende Nutzerzahlen und steigende Finanzierungsvolumen. In einem ersten Innovationsworkshop der Innovationswerkstatt entstand die Idee, den genossenschaftlichen Gedanken durch Crowdfunding im Internet erlebbar zu machen (siehe Abbildung 5). In 2013 entwickelte die Bank die Plattform gemeinsam mit ihren Kooperationspartnern Startnext, Tyclipso, T-Systems Multimedia Solutions und der VR-NetWorld.

Von Beginn an war es für alle Beteiligten wichtig, die Plattform mandantenfähig zu entwickeln, sodass andere Volksbanken Raiffeisenbanken die Plattform ebenfalls nutzen können.

Abb. 5: Crowdfunding-Plattform „Viele-schaffen-mehr.de" (Quelle: Volksbank Bühl)

Nach erfolgreicher Einführung bei der Volksbank Bühl erfolgte die Adaption durch andere Genossenschaftsbanken und es entstand die Dachplattform Viele-schaffen-mehr.de mit mittlerweile mehr als 100 teilnehmenden Volksbanken Raiffeisenbanken.

Anfang 2016 wurde das bundesweite Fundingvolumen von 2.000.000 Euro erreicht und bereits im August 2016 die 4.000.000 Euro-Marke geknackt. Im Herbst 2017 werden voraussichtlich 10.000.000 Euro Fundingvolumen zusammengekommen sein. Perspektivisch könnte sich die Plattform zur größten Crowdfunding-Plattform für gemeinnützige Projekte in Deutschland entwickeln.

Die Kooperation mit Startnext und Tyclipso hatte neben dem eigentlichen Nutzen (der Entwicklung der Plattform) viele weitere Effekte. Insbesondere in kultureller Hinsicht hat die Volksbank Bühl profitiert und von den agilen Entwicklungsmethoden gelernt. So entstand schnell das Ziel, auch in Zukunft auf agile Entwicklungsmethoden zu setzen.

7 Launch Personal-Finance-Management – 2013

Personal-Finance-Management (PFM) war in den USA schon länger bekannt. In Deutschland war bspw. Mint der Vorreiter für das digitale Haushaltsbuch. Ziel der Volksbank Bühl war die Einführung einer PFM-Lösung und deren Integration in das Online -und Mobile-Banking (siehe Abbildung 6).

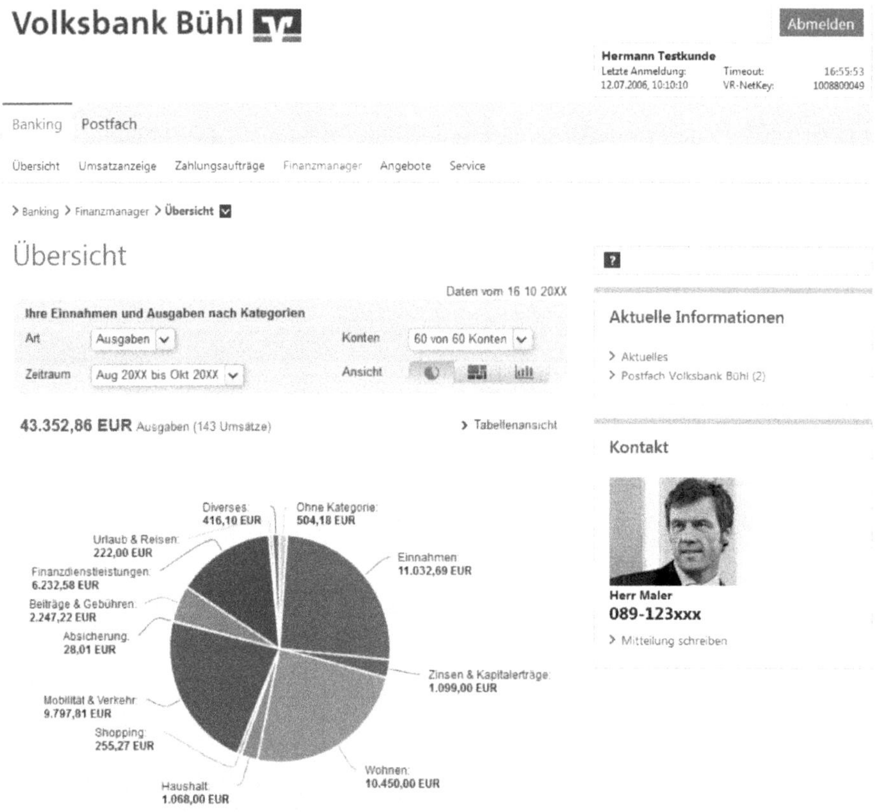

Abb. 6: Personal-Finance-Management (Quelle: Volksbank Bühl)

Die Volksbank Bühl erhielt Unterstützung der Rechenzentrale bei der Auswahl eines Zielbildes für PFM und der Auswahl einer geeigneten Lösung sowie Pilotierung der PFM-Lösung Finanzmanager, welche in das Onlinebanking und Mobile-Banking integriert wurde. Die Daten werden zwischen Onlinebanking und VR-Banking-App synchronisiert. Das PFM der Volksbanken Raiffeisenbanken wird von den Kunden bereits gut angenommen. Es bietet viel Potenzial, um den ganzheitlichen Beratungsansatz des VR-Finanzplans als vollautomatisiertes oder teilautomatisiertes Beratungsverfahren im Internet abzubilden.

8 Der erste Hackathon – „Aus Liebe zur Region" – 2014

Der Begriff Hackathon ist eine Zusammensetzung aus Hacking und Marathon. Hackathons werden schon lange traditionell von Facebook als Unternehmensevent und Entwicklungsmethode eingesetzt, bei der sich Programmierer in kleinen Teams die Nächte um die Ohren schlagen und neue Features entwerfen. Bei Facebook sollen so neue Ideen und Umsetzungen entstehen, denen sich die Mitarbeiter in ihrem normalen Arbeitsalltag nicht widmen. Das Besondere an einem Hackathon ist aber nicht nur die Effizienz der Methodik, sondern auch der Spaß, der damit verbunden ist (Meyer, 2011).

Vor dem Hintergrund der Finanzkrise verloren Kunden bezüglich der Einlagenverwendung der Banken das Vertrauen. Außerdem sollte vor dem Hintergrund der Niedrigzinsphase das Geschäftsmodell der Volksbank Bühl deutlicher kommuniziert werden, um die Vorteile gegenüber anderen Banken herauszustellen. Ziel dieses Konzeptes ist eine Wiederherstellung des Vertrauens und der Abbau von Vorbehalten gegenüber Bankanlagen durch die Einführung transparenter und an lokale Zwecke gebundene Aktiv- und Passiv-Produkte basierend auf der genossenschaftlichen Idee.

Abb. 7: Ansicht „Aus Liebe zur Region" auf der Webseite der Volksbank Bühl (Quelle: Volksbank Bühl)

Für dieses Projekt wurde zum ersten Mal die Methode des Hackathons angewandt (siehe Abbildung 7). Das Ziel des Hackathons war, den Produkteinführungsprozess innerhalb von zweieinhalb Tagen abzuschließen. Dazu arbeiteten 13 verantwortliche Experten aus den benötigten Fachabteilungen abgeschirmt von äußeren Einflüssen zusammen in einem gemeinsamen Raum, um das Projekt in dem vorgegeben Zeitrahmen abzuschließen. Insgesamt wurden parallel 11 Produkte konzipiert, kalkuliert, administriert und dokumentiert. Dazu wurde ein Marketingkonzept entwickelt, die Internetseite überarbeitet, Wirtschaftlichkeitsberechnungen aufgestellt, Schulungskonzepte, Präsentationen und Beratungsunterlagen erstellt, Briefe getextet, Vorgänge und Produkte administriert sowie Workflows angelegt.

In den drei Bereichen *Umwelt und Energie*, *Arbeitsplätze und Innovationen* und *Regionale Produkte* wurden jeweils Aktiv- und Passivprodukte entwickelt. Das Geld, welches auf der Passivseite über Anlageprodukte eingesammelt wird, wird im jeweiligen Bereich in Form von Darlehen zur Verfügung gestellt. Damit wird der Geldanlage ein für den Kunden transparenter Verwendungszweck zugewiesen. Gleichzeitig werden über die Darlehen innovative Projekte und Unternehmen in der Region gefördert. Der Kunde entscheidet bei Abschluss eines Anlageproduktes, wie die Bank mit seinem Geld in der Region arbeitet.

Da sich der Kunde im Beratungsgespräch für einen Verwendungszweck entscheidet, ist er automatisch mit dem Geschäftsmodell der Bank konfrontiert und versteht die Bedeutung der Bank für den regionalen Wirtschaftskreislauf. Die Integration von Online- und Offline-Vertriebswegen hat sich bei diesem Projekt bewährt. Den Beratern wird es einfacher gemacht, das Geschäftsmodell der Bank zu kommunizieren und deutlich zu machen, wie die Volksbank Bühl in der Region wirkt. Die Methode des Hackathons hat sich hier bewährt, da das Konzept schnell und effizient umgesetzt werden konnte. Innerhalb von zweieinhalb Tagen wurde ein rollout-fähiges Programm mit mehreren neuen Produkten entwickelt. Mit alten Entwicklungs- oder Projektmanagement-Methoden hätte die Einführung schätzungsweise neun Monate in Anspruch genommen. Hackathons gehören aufgrund dieser Erfahrung zum Standard-Repertoire an Entwicklungswerkzeugen für die Bank. Abbildung 8 gibt einen Einblick in die Durchführung eines Hackathons der Volksbank.

Abb. 8: Erster Hackathon bei der Volksbank Bühl (Quelle: Volksbank Bühl)

9 Erste Versuche mit Virtual Reality – 2016

Seit Oktober 2016 ist es Gamern dank der Playstation VR möglich, in Gestalt ihres Superheldens selbst Verbrecher zu jagen. Das Raumschiff Enterprise betreten, Duelle in virtuellen Kampfarenen wie im Film Tron erleben – all das bleibt mit der VR-Brille „Vive" von HTC und der „Oculus Rift" der Facebook-Tochter Oculus kein Wunschdenken mehr. In der Spielebranche wird bereits von einem Mainstream-Erfolg gesprochen und deshalb viel Geld investiert. Einer Studie des Bundesverbands Interaktive Unterhaltungssoftware BIU zufolge besteht das potenzielle Käufervolumen von VR-Brillen aus 21 Millionen Käufern alleine in Deutschland. Spannend dabei ist, dass sich diese die Nutzung einer VR-Brille auch zur Vorabbesichtigung künftiger Reiseziele, für Serien und Filme sowie für das Online-Shopping vorstellen können. Das erweitert den Anwendungsbereich für Virtual Reality in sämtliche Richtungen (Campillo-Lundbeck, 2016).

Auch der Innovationswerkstatt war spätestens nach dem Besuch der re:publica TEN im Mai 2016 in Berlin klar, dass Virtual Reality in den Fokus rückt. Das alles war letztendlich entscheidend, um sich tiefergehend mit dem Thema zu beschäftigen und Umsetzungsmöglichkeiten zu prüfen. Nach einigen Recherchen hat sich die Volksbank Bühl dazu entschieden, die Oculus Rift VR-Brille inklusive leistungsfähigem Gamer-PC anzuschaffen.

Um alle Kolleginnen und Kollegen an diesem neuartigen Projekt teilhaben zu lassen, wurde dazu eingeladen, Virtuelle Realität selbst zu erleben. An drei Terminen konnten sie die VR-Brille selbst testen. Von einfachen DEMO-Anwendungen bis hin zum Spiel Project Cars, das bereits im Spieleangebot der Oculus Rift enthalten ist.

Daraus entstand die Idee, diesen Spaß auch an Kunden weiterzugeben. An einem Nachmittag baute die Bank die neue Oculus Rift zusammen mit einem Rennsitz in ihrem Beratungscenter in Bühl auf. Die Besucher tauchten ein in die Rolle eines Rennfahrers und konnten mit ihrer schnellsten Runde einen attraktiven Preis gewinnen (siehe Abbildung 9).

Abb. 9: Beispiel einer Virtual-Reality-Umsetzung im Beratungscenter (Quelle: Volksbank Bühl)

Letztendlich ist das Ziel aber nicht nur Spaß und Aufmerksamkeit, sondern einen greifbaren Nutzen für die Bank zu generieren. Deshalb wird die VR-Brille in der bankeigenen Immobilienabteilung eingesetzt. Regelmäßig werden Immobilien mit einer 360-Grad-Kamera abgefilmt und zur VR-Besichtigung angeboten. Käufer können so bereits vor dem Besichtigungstermin die Immobilie auf Herz und Nieren prüfen und direkt feststellen, was zu ihnen passt. Durch eine fundierte Vorauswahl sparen sich Interessenten zahlreiche Termine vor Ort. Diese Zeitersparnis macht sich natürlich auch auf der Verkäuferseite bemerkbar. Die Anzahl der tatsächlichen Besichtigungen kann minimiert und so nur auf ernsthafte Interessenten reduziert werden. Perspektivisch sollen auch Neubauprojekte im Planungsstadium visuell erlebbar gemacht werden.

10 Fazit

Als zentraler Erfolgsfaktor für das iterative Innovationsmodell der Volksbank Bühl ist das permanente wechselseitige Zusammenspiel aus Innovationsprojekten und institutionellem Lernen. Wesentliche Elemente dieses Modells sind die Bildung einer unabhängigen Organisationseinheitseinheit (Innovationswerkstatt) und einer offenen sowie transparenten Kommunikation über eine Plattform (Volksbank Bühl Connect). Die Innovationswerkstatt fungiert als Trend-Scout und Change-Agent innerhalb des Unternehmens und stellt die Identifikation, Wissensteilung, Bewertung und Nutzung externen Wissens sicher. Die Enterprise-2.0-Plattform schafft die Rahmenbedingungen für eine offene und transparente Kommunikation. Diese beiden Elemente bewirken den erforderlichen Veränderungs- und Anpassungsprozess zur Steigerung der Innovationsfähigkeit des Unternehmens. Viele andere Volks- und Raiffeisenbanken adaptieren mittlerweile das Modell der Innovationswerkstatt und der Enterprise-2.0-Plattform. Konkrete Projekte wie die Crowdfunding-Plattform Viele-schaffen-mehr.de haben ihren Modellcharakter schon bewiesen und werden von zahlreichen anderen Volks- und Raiffeisenbanken genutzt.

Die Nachhaltigkeit des iterativen Innovationsmodells der Volksbank Bühl ist gegeben durch eine strategische Verankerung auf Unternehmens-, Geschäftsfeld- und Funktionsebene. Das auf Dauer angelegte und in der Organisation fest verankerte wechselseitige Zusammenspiel von Trial-and-Error-Projekten und dem dadurch bedingten institutionellen Lernen ist die Grundlage und Voraussetzung, dass das iterative Innovationsmodell nachhaltig funktioniert. Der Ansatz ist somit vielmehr als eine Managementphilosophie zu verstehen, die von der Führung gelebt werden muss. Die Nachhaltigkeit zeigt sich in der langen Entwicklungsgeschichte über mittlerweile acht Jahre und den vielen verschiedenen Projekten, die daraus entstanden sind.

Literatur

Beilharz, F. (2012). Social Media Management. Wie Marketing und PR Social-Media tauglich werden. Göttingen: BusinessVillage.

Bundesverband Informationswirtschaft, Telekommunikation und neue Medien e.V. (Bitkom) (2015). Social Media Leitfaden. Berlin.

Campillo-Lundbeck, S. (2016). Das Spiel beginnt. Virtuelle Realität: Auf der Kölner Messe Gamescon waren die Anbieter von Premium-VR das große Thema. HORIZONT - Zeitung für Marketing, Werbung und Medien , S. 26.

Cole, T. (2015). Digitale Transformation. München: Franz Vahlen.

Holzapfel, F., Holzapfel, K. (2012). facebook – marketing unter freunden: dialog statt plumper werbung. Göttingen: BusinessVillage.

Meyer, J.-U. (2011). Erfolgsfaktor Innovationskultur. Göttingen: BusinessVillage.

Meyer, J.-U. (2014). Die Innovationsfähigkeit von Unternehmen. Leipzig: BusinessVillage.

Schüller, A. M. (2014). Das Touchpoint Unternehmen. Mitarbeiterführung in unserer neuen Businesswelt. Offenbach: GABAL Verlag.
Wessling, E. (2012). 30 Minuten. Lernen von Google & Co. Offenbach: GABAL Verlag.

Autorenverzeichnis

Jörg Bruch ist Bereichsleiter bei der TeamBank AG, dem Ratenkreditspezialisten in der Genossenschaftlichen FinanzGruppe Volksbanken Raiffeisenbanken. Er verantwortet den Vorstandsstab/Koordination Genossenschaftliche Finanzgruppe und befasst sich schwerpunktmäßig mit strategischen Verbundprojekten. Zuvor absolvierte er ein Studium der Betriebswirtschaftslehre an der Friedrich-Alexander-Universität Erlangen-Nürnberg und der L.U.I.S.S. Rom.

Prof. Dr. Matthias Fischer ist Co-Leiter am Kompetenzzentrum Finanzen der Technischen Hochschule Nürnberg Georg Simon Ohm. Er lehrt und forscht in den Bereichen Kapitalmarkt, M&A, Bankmanagement und FinTechs.

Anja Schindler schloss im Jahr 2011 ihr Duales Studium bei der Volksbank Bühl ab. Sie ist seither in der Abteilung Marketing und Vertrieb tätig und dort stellvertretende Bereichsdirektorin. Außerdem ist sie seit 2011 Mitglied der Innovationswerkstatt. Seit September 2015 betreut sie zusammen mit einem weiteren Kollegen den Bereich Online-Management. Derzeit studiert sie nebenberuflich an der SRH Fernhochschule Riedlingen zum Master of Arts im Bereich Wirtschaftspsychologie.

Leontin K. Grafmüller ist Research Associate am Center for Leading Innovation and Cooperation an der HHL Leipzig Graduate School of Management, wo er sich den Forschungsfeldern Interaktive Wertschöpfung, Mass Customization und Value Co-Creation in B2B-Märkten widmet. Er studierte Translatologie mit Fokus auf Interkulturellem Management an der Universität Leipzig, der Ruprecht-Karls-Universität Heidelberg und dem ISIT Paris.

Norbert Huber ist Bereichsleiter Vertriebsmanagement bei VR Bank Nürnberg. Er verantwortet die Bereiche Vertriebssteuerung, Marketing und Veranstaltungsmanagement, Digitale Vertriebskanäle, Telefonfiliale, Beschwerdemanagement und Electronic Banking und befasst sich schwerpunktmäßig mit dem Produktmanagement, Digitalisierung und der Koordination des Gesamtvertriebs. Zuvor absolvierte er eine Ausbildung zum Dipl.-Bankbetriebswirt (BA) an der Frankfurt School of Finance and Management. Neben seiner beruflichen Tätigkeit betrieb er 15 Jahre leistungsorientiert Ausdauersport, war 2004 Duathlet des Jahres in Deutschland und von 2002 bis 2006 im Langstreckenkader der Duathlon Nationalmannschaft.

Tanja Jovanović ist wissenschaftliche Mitarbeiterin am Lehrstuhl für Industrielles Management an der Friedrich-Alexander-Universität Erlangen-Nürnberg. In der Forschung beschäftigt sie sich vorrangig mit Crowdfunding, insb. Corporate Crowdfunding. Zuvor studierte sie Sozialökonomik und International Business Studies an der Friedrich-Alexander-Universität Erlangen-Nürnberg.

Prof. Dr. Kathrin M. Möslein ist seit 2007 Inhaberin des Lehrstuhls für Wirtschaftsinformatik I, insb. Innovation und Wertschöpfung, an der Friedrich-Alexander-Universität Erlangen-Nürnberg. Möslein studierte Informatik mit Nebenfach Wirtschaftswissenschaften an der Ludwig-Maximilians-Universität München (LMU), der Eidgenössischen Technischen Hochschule Zürich und an der Technischen Universität München, wo sie 1999 promoviert wurde. 2004 folgten dort Habilitation und venia legendi für Betriebswirtschaftslehre. Im Jahre 2005 übernahm sie den Lehrstuhl für Strategisches Management und Organisation an der HHL Leipzig Graduate

https://doi.org/10.1515/9783110525748-010

School of Management und gründete 2006 das dortige Center for Leading Innovation and Cooperation, an dem sie bis heute als Akademische Direktorin wirkt.

Matthias Raß ist Research Associate am Lehrstuhl für Wirtschaftsinformatik, insb. Innovation und Wertschöpfung, an der Friedrich-Alexander-Universität Erlangen-Nürnberg. In seiner Forschung beschäftigt er sich mit Open Innovation, intra- und interorganisationalen Netzwerken und sozialem Kapital. Er studierte Betriebswirtschaftslehre mit den Schwerpunkten Wirtschaftsinformatik, Unternehmensführung und Gesundheitsmanagement an der Friedrich-Alexander-Universität Erlangen-Nürnberg.

Stefan Schindler ist seit 2014 Vorsitzender des Vorstands der Sparda-Bank Nürnberg. Über Stationen bei der Volksbank Freiburg und der Sparda-Bank Hamburg wurde er 2002 in den Vorstand der Sparda-Bank Nürnberg berufen. Er ist verantwortlich für die Ressorts Marketing, Unternehmensservice und -entwicklung sowie Revision und prägte die Digitalstrategie der Sparda-Bank Nürnberg entscheidend. Des Weiteren positionierte er die Filialen der Bank als „Orte der Begegnung" und entwickelte die Genossenschaftsbank zur Mitglieder-Community weiter.

Prof. Dr. Kai-Ingo Voigt ist Inhaber des Lehrstuhls für Industrielles Management sowie Vorsitzender des Forschungsinstituts für Genossenschaftswesen an der Friedrich-Alexander-Universität Erlangen-Nürnberg. Seit 2016 ist er außerdem Mitglied des Herausgeberkreises der Zeitschrift für das gesamte Genossenschaftswesen (ZfgG). In der Forschung beschäftigt er sich intensiv mit Genossenschaften, Innovationen und neuen Geschäftsmodellen.

Dr. Gerhard Walther ist Vorsitzender des Vorstands der VR-Bank Mittelfranken West eG. Er verantwortet die Bereiche Vertrieb, Öffentlichkeitsarbeit, Treasury und befasst sich schwerpunktmäßig mit dem Thema Zukunftsfähigkeit von Genossenschaftsbanken im digitalen Zeitalter.